陕西人文地理丛书

隽秀陕南·秦巴山地

李楠 著

陕西出版资金资助项目

西安地图出版社

图书在版编目（CIP）数据

隽秀陕南·秦巴山地/ 李楠著．—西安：西安地图出版社，2017.5
ISBN 978-7-5556-0322-1

Ⅰ．①隽… Ⅱ．①李… Ⅲ．①人文地理—陕南地区
Ⅳ．①K924.1

中国版本图书馆 CIP 数据核字（2016）第 285200 号

丛书主编：侯甬坚
著作人及著作方式：李楠　著
责任编辑：韩小武　张奕颖

书　　名　隽秀陕南·秦巴山地

出版发行：西安地图出版社
地址邮编：西安市友谊东路334号　710054
印　　刷：中煤地西安地图制印有限公司
开　　本：700mm×1 000mm　1/16
印　　张：14.5
字　　数：120千字
版　　次：2017年5月第1版　2017年5月第1次印刷
书　　号：ISBN 978-7-5556-0322-1
定　　价：28.00元

前面的话

侯甬坚

这套“陕西人文地理”由《厚重关中·渭河平原》《豪放陕北·黄土高原》《隽秀陕南·秦巴山地》三册组成，也就形成了一个整体，而每一册也是独立成篇的。

关中篇展开的地理基础是渭河平原，也就是前人称颂的八百里秦川。在秦汉时代，这里曾经有过“陆海”“天府之国”的美称。试想一下，前者可否是西来之客，见惯了莽莽山岭，骤入此境，一马平川，顿觉犹如“陆海”；后者可否是东来之人，过了豫西山地，见此境城邑高大，村庄错落，农人繁忙，物产丰饶，恰似一座“天府之国”。

陕北篇凭借的地理条件为黄土高原，这自然是整个中国北方黄土高原的一部分。从渭河平原北上，顺着渭河支流逆行，北去的地势逐渐增高，山原一片沉寂。黄土高原的植被色调随季节而变，春季泛绿，夏季苍翠，秋季红黄相间，冬季凋落不已。高原梁峁的本色固然一成不变，其景观却因作物的长势而出现变化。

陕南篇依赖的地理形势乃秦巴山地，这又是中国山川地貌的一种主要类型。绵长、耸起的秦岭山脊，促成了一座座傲立的山峰，和它的主峰——太白山。山脊两侧的源泉、仙境、寺观、险道、药草……自古就吸引着山外之人神往，而今的隧道、水库、净土、氧吧、关隘……总是在召唤着游客们前来驻足观赏。

如上所述的渭河平原、黄土高原、秦巴山地，就是地理学家最为津津乐道的陕西三大地域单元。——这么不一样的三个自然地理区域，是如何组合到陕西省行政区里的呢？据我们所知，这是祖国漫长历史演进的部分结果。

简单地说，是先有“陕”这个地方，位置在豫西山地的陕州区。西周初期的重臣周公、召公“分陕而治”，周公负责的是陕以东地区，召公负责的是陕以西地区，最早开启了以“陕”分区的历史。

北宋前期设置的最高级别的管理区域，称之为“路”，其辖境比较大，以长安为治所设立的陕西路，使用了七十多年，又改作他名。

到了元朝，设立了辖区更加广大的陕西行省，最突出的地方是将汉中、安康这些陕南部分包括了进来。明朝时这里的正式称谓是陕西等处承宣布政使司（习称陕西省），辖境比较稳定，等到清朝康熙六年（公元 1667 年）分离出了西面的甘肃部分，陕西省的辖区就大致延续了下来。

从陕西的来历可以看出，陕西地域的形成经历了一个漫长而复杂的过程，不仅自身的组成越来越合理，而且与周围邻省的地域关系也是越来越融洽，共同组成了祖国版图的有机部分。这样的地域史，毫无疑问是祖国历史的一种认知方式，同时也是好学者的研习素材。历朝历代在这一片土地上生活过的人们，与这一片土地之间，展开过相当丰富多彩的互动，并酝酿出深厚的情感，这些正是我们今天在人文地理视野下需要反复领会，甚或体验的地域文化精髓。

最后，我想说的是，希望通过这一套“陕西人文地理”丛书，给读者铺开一条走进陕西、走向远方的路径。

目录

第一章　历史沿革

第一节　地域划分

提起陕南，人们脑海中更多跃出的词汇是：“汉中小江南”，秦岭的朱鹮、大熊猫、金丝猴和羚牛，还有木耳、香菇、绿茶等，以及数不胜数的陕南美食和俊俏的汉中妹子……

那么，陕南到底在哪儿呢？这片古老的土地在历史上曾经历过哪些风霜变迁呢？陕西关中与陕南是否仅仅就是隔着一座秦岭？历史上的陕南地区跟现在的区域有无差别？

根据2012年陕西省地理国情监测成果，确定了陕南—关中界线，即由西向东依次为：陈仓区—凤县分界；渭滨区—凤县、太白县分界；太白县桃川镇东界、南界；周至县厚畛子镇；周至—佛坪、宁陕分界；户县—宁陕分界；长安区—柞水县分界；蓝田—柞水、商州区分界；洛南县—商州区、丹凤县分界。陕西最西端位于汉中市宁强县青木川镇，最南端位于安康市镇坪县华坪镇；海拔最低点为168.6米，位于安康市白河县城关镇。

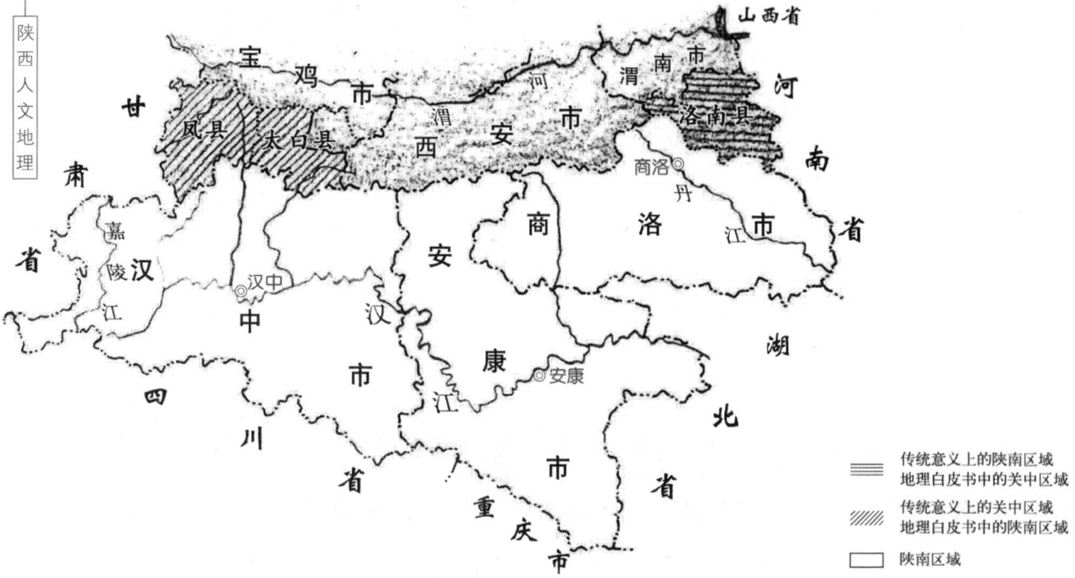

陕南地区的不同划分

据我国最早的地理著作《尚书·禹贡》中记载，夏禹时，分天下为九州，“华阳黑水惟梁州”，即秦岭以南，包括今陕南、陇南、四川、云南、贵州，皆为梁州之域。九州是当时的地域划分，不是政区。

1. 汉中

汉中，位于陕西省西南部，自古就被称为“天府之国”和

“鱼米之乡”，是秦巴山片区三大中心城市之一、国家历史文化名城、中国优秀旅游城市、国家生态示范区建设试点地区。汉中是汉王朝的发祥地，长江第一大支流汉江的源头，有“汉家发祥地，中华聚宝盆”的美誉。现辖汉台区、南郑、城固、勉县、洋县、西乡、宁强、略阳、镇巴、留坝、佛坪十一县区和一个国家级经济技术开发区，人口385万。汉中境内有大熊猫、金丝猴、羚牛、朱鹮等珍稀动物，拥有长青国家级自然保护区、佛坪国家级自然保护区、宁强青木川国家级自然保护区、米仓山国家级自然保护区、略阳大鲵国家级自然保护区、略阳珍稀水生动物国家级自然保护区和四个国家级森林公园，被公认为是地球上同一纬度生态最好和最适宜人类居住的地区之一。

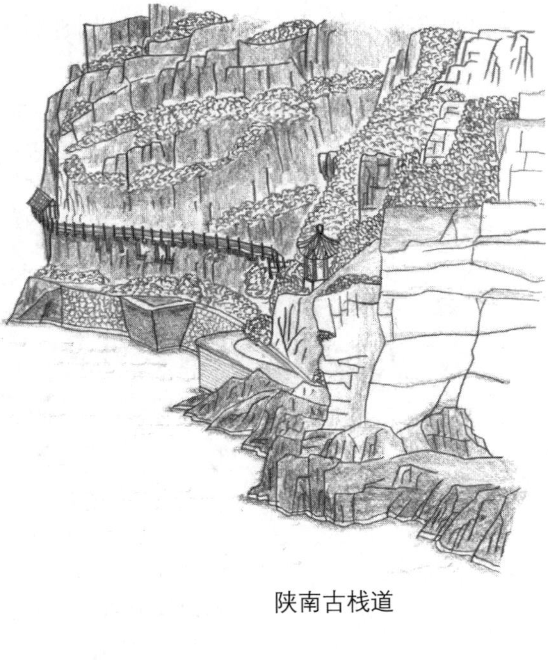
陕南古栈道

汉中，因汉江而得名。地处关中平原和四川盆地之间，四塞险固，“前控六路之师，后据两川之粟”，进可攻、退可守，在历史上占据重要的战略地位。因而，古往今来是历朝历代兵家必争之地，堪称历代军事重镇。其政区发展的沿革向上可追溯到西周时期。古时汉江上游称沔水，汉中盆地一带称沔中。西周时为褒国的所在地，因而也称褒中。生活在汉江下游平原的楚人，将沔水比喻成来自银河之水，故而称其为汉水。

汉中的行政建制名称，要追溯其名称来源，据史料显示，始于秦。关于秦时汉中郡的郡治，学术界仍对此说法不一。汉中学者陈显远先生在他的著作《汉中市建制沿革》中，特别注明为西城（今安康市）。但根据我国历史地理学权威、复旦大学谭其骧教授所编著《中国历史地图册》中的推论，秦的汉中郡

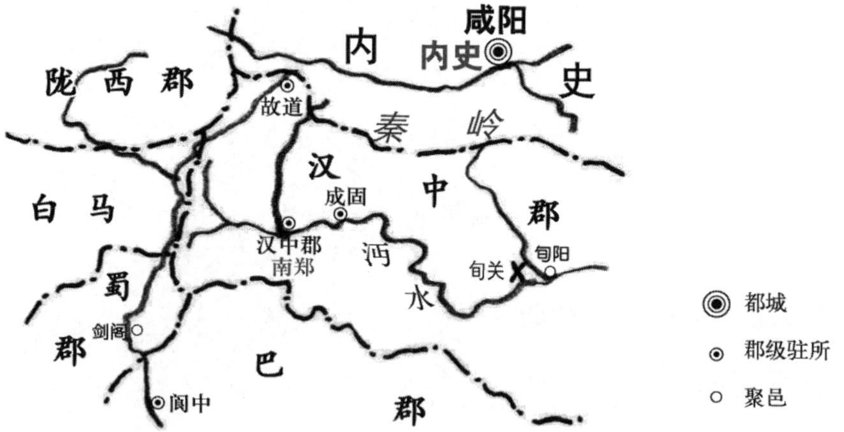

秦时汉中郡位置示意图

郡治在南郑（今汉中市）。著名史学家、陕西师范大学教授史念海，在《汉中历史地理》中注明秦的汉中郡郡治“初设南郑”，因为“在当时秦，不但要抗击强大的楚国，而且还要统治巴蜀（相当于今四川）地区”。

西汉时，汉中郡设治西城，东汉初将汉中郡由西城迁治南郑，直到 1954 年，汉中的行政首府一直设在南郑。汉中作为行政区域名称曾有多次变动。东汉献帝初平二年（公元 191 年），张鲁占领后改汉中郡为汉宁郡。曹操在献帝建安二十年（公元 215 年）征降张鲁后又改为汉中郡。隋文帝于开皇元年（公元 581 年）改为汉川郡。唐代又有梁州、褒州、汉中郡等多次变更。唐德宗李适于兴元元年（公元 784 年）用其年号诏改为兴元府。元初改为兴元路。明太祖洪武三年（公元 1370 年）改为汉中府。民国二年（公元 1913 年）改为汉中道；民国二十四年（公元 1935 年）改设陕西省第六行政督察区，治南郑县。1949 年新中国成立后，将先在湖北省组建的陕南行政公署，移治于南郑市，直辖南郑市及南郑（驻南郑市）、留坝、沔县、宁强、略阳、洋县、佛坪（驻袁家庄）、城固、镇巴、西乡、褒城十一县，管辖两郧、安康、商洛三个分区；1951 年 2 月撤销陕南行政公署，设立南郑专区；1953 年更名为汉中专区，1969 年更名为汉中地区，1996 年经国务院批准撤地改市，改为汉中市。

汉台区

因古汉台而得名。古汉台原为汉中城内一高台建筑，是刘邦当年在汉中时的行宫遗址，位于汉中市东大街。汉高祖元年（公元前206年）四月，刘邦在南郑（今汉中市）就汉王，此地曾为刘邦驻跸之所。西汉立国之初，汉中太守田叔在此“置名材，立宫室”，为刘邦建造了行宫。明清两代为汉中知府衙门驻地，后人仰其历史久远，故又称其为古汉台。汉台具有典型的秦汉宫廷建筑风格，坐北朝南，分三个台级。后来人们常将这

古汉台

个台视为汉朝基业的象征。北宋张少愚有诗云“留此一抔土，犹是汉家基”。新中国成立后辟为博物馆。

萧何

公元前206年鸿门宴后，刘邦被项羽分封为汉王，“王巴、蜀、汉中，都南郑（今汉中市汉台区）”。不久刘邦就率众从子午道来到汉中，委身汉王一职。由于随行人员多为山东（今崤山以东地区）之人，落逃者较多，加之包括汉中在内的西南地区在当时还是蛮荒之地，刘邦心中自然不快。与刘邦同来汉中的萧何不愧为汉初人杰，他及时劝告刘邦，说：“虽王汉中之恶，不犹愈于死乎！”且“语曰‘天汉’，其称甚美”，所以“愿大王王汉中”。刘邦听后十分高兴，于是重整旗鼓，拜韩信为大将，经过四个月的精心准备，明修栈道，暗度陈仓，灭掉三秦王，一举夺得天下。为了纪念这段历史，刘邦在取得天下之后，定国号为“汉”。

1949 年 12 月分出南郑县城区及近郊设立南郑市。市、县政府驻城区。1950 年 7 月南郑县政府由城区迁驻十八里铺（今铺镇）。1953 年 10 月南郑市更名为汉中市。1964 年 6 月撤销汉中市，设立汉中县。1980 年 7 月撤销汉中县，恢复汉中市，由汉中地区领导。1996 年汉中地区改为汉中市，原汉中市改为汉台区，以“汉台”名之。

南 郑

其名始于春秋初年。南郑县原为汉中附郭首县。南郑名甚久，关于其来源，前人说法有四：①“郑人南奔”说。西周末，犬戎灭周幽王。郑桓公亦死于犬戎，其民（原居今华州区）南奔，故称。②“出险就平”说。“南郑在西畿之南，而地始出险就平，故称南郑”。③“奠邑之所”说。周代褒国有奠祭旱山之俗，周人称曰南郑。④“三虢三郑”说。周有“三虢三郑，每一虢郑，自相左右，以护卫丰、镐、洛三京”。南郑始建县时间，史无明载，约在秦国时期。

公元前 770 年，居住在今陕西华州区一带的郑国人，因犬戎入侵，国破。一部分随周平王东迁进入今河南境内，是为“新郑”（今河南新郑市）；另一部分向南沿秦岭谷道进入汉水上游，是为“南郑”。《水经注》亦有“（郑）桓公死于犬戎，其民南奔，故以南郑称”的记载。

秦武公十一年（公元前 687 年）始置县（治今汉中市区）。

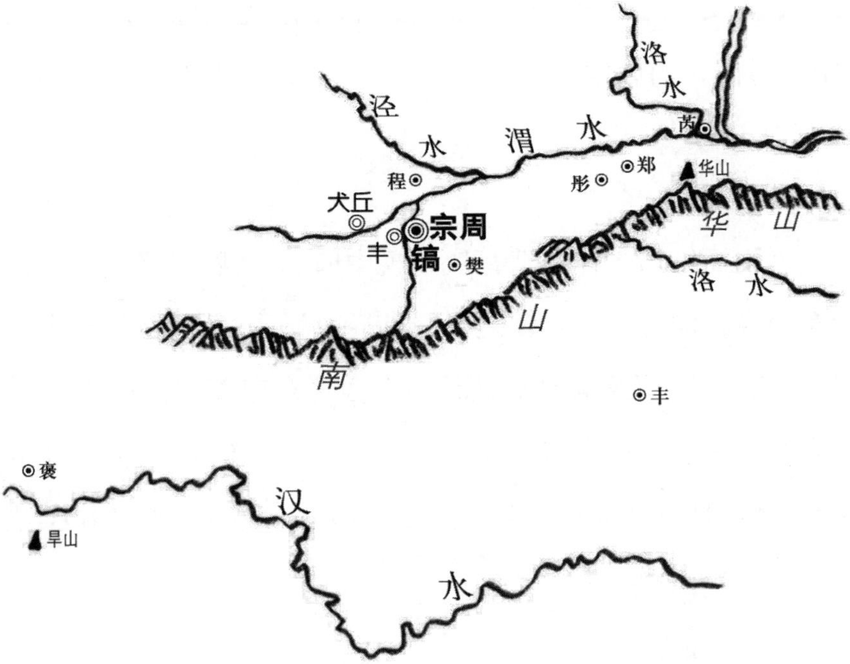

西周时郑国位置示意图

新中国成立后，南郑县城迁至铺镇。1958 年南郑县被撤销，并入汉中市。1961 年 9 月恢复建制时，县城乃迁周家坪（今县城）。

城　固

战国时期，秦国占领这里，筑城设县，取名城固县。宋代祝穆《方舆胜览》载：“始城而冀其巩固”。意思是说：开始筑城时，希望永远坚固牢不可破。

秦惠文王十三年（公元前325年），改为成固县，古代“成”“城”通假，南朝宋时加“土”于“成”，相沿迄今。

洋　县

因川而得名。洋县清嘉庆《汉中府志》载：“洋以川名，旧治在西乡祥河之上，祥河之川，其后改祥为洋。”西魏废帝二年（公元553年）始置洋州，故址在今西乡东南20里处的祥河（今泾洋河）岸上。唐玄宗天宝十五载（公元756年），洋州迁至今洋县县城，明太祖洪武三年（公元1370年）废除洋州，始设洋县。

宁强羌族碉楼

宁　强

宁强，原名“宁羌”，取“宁定羌氐”之意。古代曾为羌、氐等少数民族的聚居地。唐高祖武德三年（公元620年），分绵谷县（治今广元市）北部置金牛县，治通谷镇（今大安镇）。此为宁强设县之始。明太祖洪武二十八年（公元1395年），平洮州（今甘肃临潭）羌乱后，设宁羌卫（军事驻地）于徽州（今甘肃徽县）；据地方志释义："其曰宁羌，盖亦辑宁氐羌，以羌之永宁耳。"明洪武三十年（公元 1397 年）九月，迁宁羌卫于羊鹿坪（今县城）；明宪宗成化二十一年（公元 1485 年）设宁羌州，州、卫并存。民国二年（公元 1913 年）废州为县；民国三十一年（公元 1942 年）元旦改为宁强县，取"安宁强固"之意。于右任先生曾为此题写新县名曰"安宁强固"。1958 年 12 月并大县时，将原黎坪中心区大部并入。

西　乡

因西乡侯张飞而得名。三国时，刘备因张飞为涿郡之西乡人，曾封张飞为西乡侯，借地封侯，寄食南乡。晋太康二年（公元 281 年），因西乡侯张飞"曾寄采食于此"，晋武帝遂改南乡为西乡。史学家史念海认为："西乡县，原初也应是一乡聚（乡村）的名称。"

西乡县的辖境经过唐代、清代和新中国成立后的几次变迁，始成现状。

略　阳

"用武之地曰略，众山之南曰阳"，故名略阳。秦汉时，为

陈式

氐、羌等少数民族聚居地，为葭萌县的一部分。三国时，诸葛亮派大将陈式筑武兴城，这是略阳筑城之始。东晋太元十一年（公元 382 年），设东益州武兴县；西魏废帝二年（公元 553 年）东益州改为兴州。南宋宁宗开禧三年（公元 1207 年），诏改兴州为沔州。略阳县原为顺政县。汉代略阳县在今甘肃省张家川县西。后魏侨置略阳郡于今地。南宋开禧年间，将顺政县改为略阳县，即以原侨县名之。略阳之名即延续及今。（明人释为“因处大山之中，惟晴午时分，略有阳光，故名略阳”，或“用武之地曰略，众山之南曰阳”，均为望文生义之说。）

镇　巴

镇巴，处巴山腹地，“境内有大小巴山，置县以镇摄之意”，故名镇巴。东汉和帝永元七年（公元 95 年），封班超为定远侯于此，为“定远侯”班超的“采食之邑”。清嘉庆七年（公元 1802 年），分西乡县南二十四地置定远厅，以定远为名。民国二年（公元 1913 年）废厅设定远县；民国三年（公元 1914 年）一月，因安徽、四川、云南也有定远县（四川改为武胜县，云南改为牟定县），又因县域处巴山之中，即改为镇巴县。

1958 年 12 月撤销，辖地并入西乡县，1961 年 8 月恢复镇巴县至今。

留　坝

传说，汉初留侯张良曾辟谷于境内紫柏山，所以取名留坝。留坝县在清代以前分别属凤县和褒城县。清乾隆二十九年（公元 1764 年）设厅，以留坝为名。

清乾隆三十九年（公元 1774 年），析凤县南部置留坝厅。民国二年（公元 1913 年）改留坝县。1958 年撤销，辖地并于凤县；1961 年 8 月恢复留坝县，以原留坝并入凤县和汉中市、沔县各一部分为其辖地至今。

佛　坪

因原县城在佛爷坪（今周至县厚畛子镇老县城）而得名。清道光五年（公元 1825 年），划周至、洋县部分地区始设佛坪厅，治于佛爷坪。民国二年（公元 1913 年）撤厅设立佛坪县；民国十五年（公元 1926 年），因匪患猖獗县治迁袁家庄（今县

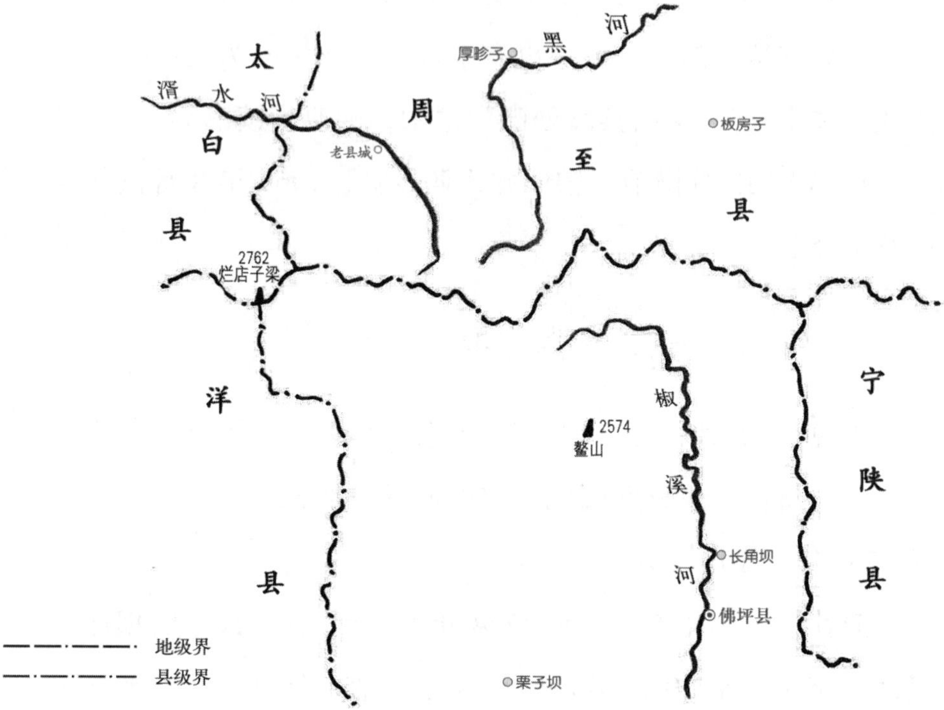

佛坪县址变迁图

城），仍旧名。1958 年曾撤销并入洋县、周至县、石泉县，1961 年 9 月恢复佛坪县。

2. 安康

安康，位于陕西省东南部，北依秦岭，南靠巴山，汉水横贯东西，河谷盆地居中，北至北纬 31°42′～33°49′、东至东经

108°01′～110°01′之间。下辖汉滨区、旬阳县、白河县、石泉县、平利县、紫阳县、岚皋县、宁陕县、镇坪县、汉阴县1区9县。

安康市面积23 391平方千米，耕地28.9万公顷，2013年，安康市总人口310万。该地区为中国北亚热带动植物典型代表区，有羚牛、朱鹮、大熊猫、云豹、大鲵等珍稀动物。是陕西省及西北地区最主要的茶叶、蚕茧、油桐、生漆主产区。因境内土壤含硒元素丰富，又被誉为“中国硒谷”。

安康是中国十大宜居小城之一、中国十大节庆城市之一、

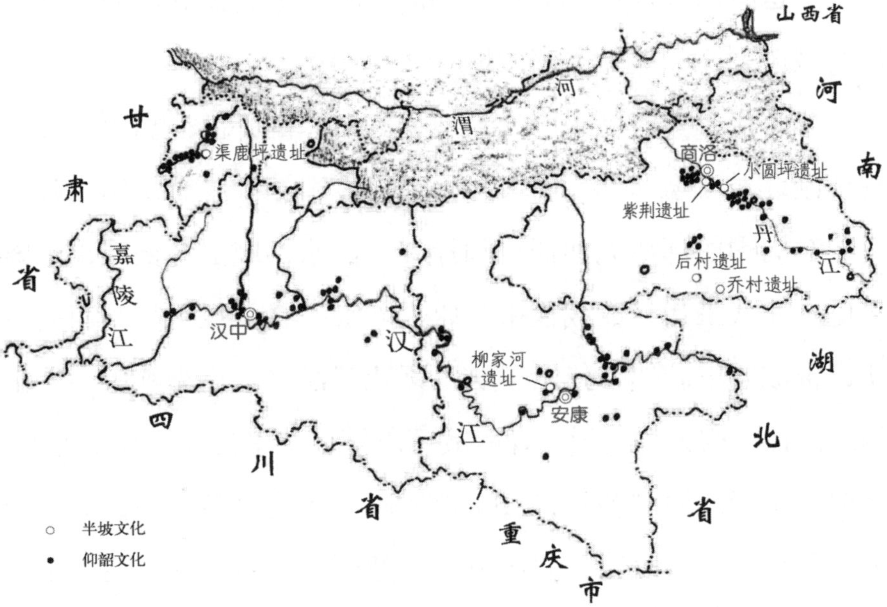

陕南地区仰韶文化遗存

全国发展改革试点城市、国家主体功能区建设试点示范市。安康是南水北调中线工程的核心水源区，承担着“一江清水供北京”的使命和责任。

据史料记载，新石器时代，境内即有先民在月河川道及汉江两岸繁衍生息。据文物部门调查和考古发掘，在全区境内，已发现新石器时代遗址40余处，其中具有代表性的有安康五里花园柏树岭、柳家河、张家坝，岚皋肖家坝，汉阴阮家坝，紫阳马家营，旬阳李家那、龚家梁、新天铺等遗址，比较完整地展现了先民的聚落。出土的新石器文物，既有半坡文化类型的特点，也有庙底沟文化风格，同时也有李家村文化和屈家岭文化类型风采，又具有浓郁的地方文化特点。

在商代，安康是庸国的封地，为庸国的都邑，据史料考证在今湖北竹山县境内，故史称安康为“上庸”。商朝建立政权后，对周围的部族大加征讨和掠夺，汉水流域的各部族也未能幸免。在武王伐纣的战役中，庸人参加，并能征善战。西周时期，曾破昭王胶船，使昭王君臣溺死于汉水。后来穆王、宣王相继南征，均无功而返。春秋战国时期，安康处在“秦头楚尾”之地理位置。西周初年，安康地属庸，东周隶楚、蜀、秦，变更十分频繁，一时间，安康成为秦楚两国必争之地。后王室衰微，郡国兼并。这一带部族也被新起的五霸之一楚兼并。据《太平寰宇记》载，“金州于战国为楚地，附庸地，后为楚所灭，复为楚地”。

秦惠文王二十三年（公元前312年），设西城县于安康汉江北岸台地（今天的中渡台），属汉中郡，郡治设在西城。秦统一六国（公元前221年），西城县为汉中郡治，辖区大体相当于今安康、汉阴、石泉、紫阳、岚皋、平利、镇坪七县在内的广大地区。自秦惠文王至宋朝，安康一直沿用“西城”之名。

至唐代、五代、宋设金州安康郡，元代、明代仍设立金州，在明万历十一年（公元1583年），汉江洪水淹没整个金州城，万历皇帝下令在城南赵台山下建筑新城，并改名为兴安州，属汉中府。在清顺治四年（公元1647年），兴安州迁回老城。乾隆四十七年（公元1782年）撤州设兴安府，并汉阴县地设安康县。1933年废道而直隶于省。

民国二十四年，也就是1935年，陕西省在安康地区设第五行政督察专员公署。1949年11月27日安康全境解放，建立县人民政府，隶陕甘宁边区安康分区行政督察专员公署。1950年隶属陕西省安康分区专员公署；在县城关范围设安康市，直属安康专署。1954年4月，撤销安康市，改为城关区，隶安康县人民政府。1958年12月10日，安康、岚皋合并；1961年两县分置，恢复原建制。1988年9月15日安康复设市，安康地区行政公署驻地安康市。2000 年，国务院批准安康地区撤地设市。

3. 商洛

商洛市地处陕西省东南部，与豫、鄂两省接壤。位于东经 108°34′20"～111°1′25"、北纬 33°25′40"～34°25′40"之间，西邻古都西安，东瞰南阳盆地，北接八百里秦川，南带江汉平原。总面积 19 292 平方千米。辖商州区、洛南县、丹凤县、商南县、山阳县、镇安县、柞水县 6 县 1 区，122 个乡镇，4 个街道办事处。人口约 248 万人。商洛市地跨长江、黄河两大流域，属暖温带半湿润气候，年平均气温 7.8～13.9℃，年平均降水量 710～930 毫米。

据隋书《地理志》记载，商洛之名来源于商山、洛水。商洛行政区的演化，历史悠久，在历史上各个时期都有所不同。《史记 · 秦始皇本纪》引《括地志》载："商州东八十里商洛县，本商邑，古之商国，帝喾之子契所封也。"虞司徒契佐大禹治水，以功封商，是为商国。

秦为县，汉为侯，西晋以降，或郡或州，历代相沿。民国至今，设专区或地区。商洛地区春秋时期属于晋，战国时属于秦。秦始皇统一中国后，北部属内史，南部属汉中郡。西汉时东北部属弘农郡，西南部属汉中郡。东汉时大部属京兆尹，南

商鞅

部属南阳郡，西南部属汉中郡。三国魏时，大部属京兆郡，今镇安、柞水、山阳三县属魏兴郡。西晋泰始二年（公元 266 年）析京兆郡南部地于上洛县（今商州区）置上洛郡，辖上洛、商县二县。

北魏太延二年(公元439年）于上洛城置荆州，于南朝宋置阳亭县旧城置魏兴郡；皇兴四年（公元 470 年）于丰阳县置东上洛郡；太和十七年（公元 493 年）改荆州为洛州；景明元年（公元 500 年）分上洛郡地于南商县置苌和郡；永平四年（公元 511 年）改东上洛郡为上庸郡，均属洛州。西魏大统八年（公元 542 年）于邑阳县置邑阳郡。北周于拒阳县增设拒阳郡。

北周天和六年（公元 571 年）之前改苌和郡为慎政郡；宣政元年（公元 578 年）洛州改名商州。隋大业三年（公元 607 年）改商州为上洛郡。唐武德元年（公元 618 年）改上洛郡为商州，天宝元年（公元 742 年）再改商州为上洛郡，乾元元年

（公元 758 年）又改上洛郡为商州。北宋属永兴军路；金属京兆府路；元属奉元路。明洪武七年（公元 1374 年）降商州为商县，成化十三年（公元 1477 年）复升商县为商州。明代和清初属西安府。清雍正三年（公元 1725 年）升为直隶州，直属陕西省。1949 年全区解放，设立陕甘宁边区商洛分区。1950 年 5 月改设陕西省商洛专区，辖商县、洛南、商南、丹凤、山阳、镇安、柞水七县。1969 年改为商洛地区。2002 年，国务院批准商洛地区撤地设市。

第二节 陕南移民

1. 缘起

明清时期，全国人口尤其是南方人口膨胀，加之自然灾害频发，大批移民流徙到地广人稀的陕南垦荒种地，因此出现了一定规模的移民潮。

清代陕南地区移民的来源十分广泛，据史料考证，主要以陕西、湖广、四川籍移民居多，江西、安徽、河南和江浙等省次之。陕南移民的一个显著特点是人口迁移呈现由南向北的态势，这也充分反映出从秦汉至明清时期我国南方和北方地区社会经济及人口发展的巨大变化。如汉中府移民，“两湖最多，川民亦多，次湖籍则安徽、两广，次则河南、贵州间亦有之”。道光以后，太平天国以及捻军起义相继爆发，长江、黄河流域的人口迅速减少，耕地紧张的程度有所缓和，陕南地区不再有大量的移民现象出现。

2. 规模

据史料考证，早在明朝时期陕南地区就有移民现象出现。明

清朝时期陕南地区形势图

朝初年以后，河南、四川、山西、山东等地人民，或因逃避粮差，或因畏当军匠，加之地方荒旱，俱逃往汉中府金州（安康）等地。由于迁徙至陕南的移民增多，陕南的社会经济逐渐发展起来，但这一发展过程却在明末清初中断。在经历连年的战争之后，清政府统治者意识到，要恢复陕南地区经济，必须招徕流民以获得大量劳动力。于是实行了一系列的政策，如对部分无主荒地的占有权、资助牲畜、轻徭薄赋，在政策的支持下，清朝初年，陕南开始有少量外地移民出现。据史料记载，陕南地区大规模的移民流入发生在乾隆中期至嘉庆年间近半个多世纪的时间段。

据史料考证，从清乾隆三十七年（公元 1772 年）到清道光年间的这一段时间，外省移民大规模地迁入陕南，直接导致的后果是该地区人口骤增数倍。也正是因为移民人数的大量增加，当地政府决定将兴安由原先的直隶州升为府。陕南山区各州县的人口也普遍增加，据地方志统计数据，镇安县由乾隆初年的 3 800 余口增至道光初年的 159 800 口；镇平县到嘉庆年间（公元 1796—公元 1820 年）增至 8 000 余户，道光年间增至 10 200 户。根据地方志和其他有关资料分析，在清代康熙中期时，陕南的人口在 50 万人左右，100 余年后，陕南人口达到了 396 万余人。即便减去自然增长的人口，百余年间，外地移民迁入陕南的人口也达 300 余万。曹树基先生在《中国移民史》一书中提到，至道光三年，兴安、汉中二府的移民及其后裔人口分别为 101 万和 141 万，各占当地总人口的 83%左右，另与商州移民合计则达 310 万之众，正好印证了上述对移民人口数量的推测。足以见得，当时移民迁入陕南的规模之庞大。

3. 原因

据史料考证，陕南地区之所以成为清代重要的移民迁入地，与其独特的地理位置、自然条件、人口分布状况以及政策引导等都有密切关系。

首先，乾隆时期（公元 1736 年—公元 1795 年）全国性人口膨胀的现象日益严重，这是移民产生的历史根源。到乾隆末年，全国人口总数已接近 4 亿人，奠定了中国近现代人口的基数。人口的增长激化了人地之间的矛盾，造成了全国范围的粮食紧张。大批破产农民被迫背井离乡，迁徙到地广人稀之处垦荒种地，以求生存，这是移民产生的重要历史根源。

其次，自然灾害迫使灾民大批流迁来陕，这也是陕南移民形成的另一个主要原因。明末清初时期，陕南屡遭战乱，自然灾害频繁，大量人口死亡或逃亡他乡，人口锐减。直至康熙中期，陕南地区各县仍人口稀少，呈现出人少地多的现象，而这

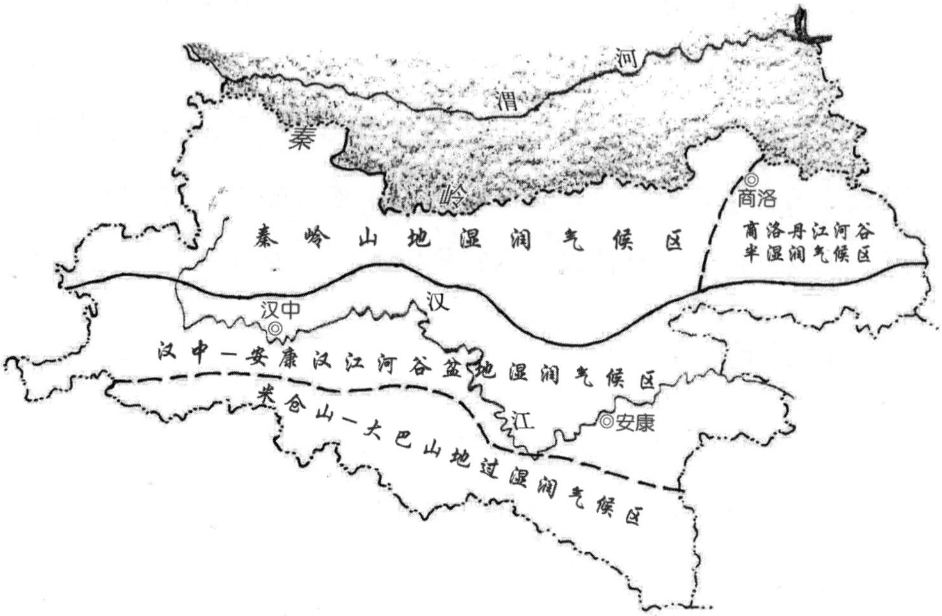

陕南地区气候区划

一状况对地狭人众地区的无地或少地农民来说具有相当强的吸引力。

第三，在当时的社会状况下，陕南地区赋税和地租剥削相对较轻。清初，陕南地区劳动力严重不足，清政府为达到“足额赋而裕国用”的目的，在陕南实行“招徕流徙，尽辟荒芜，生聚繁衍”“轻徭薄赋，相与休息”的政策。大面积的空闲土地、宽松的赋税政策，为移民提供了广大的生存空间。

第四，自然地理条件起到了一定的作用。陕南地区之所以成为流移汇集之处也与该区具体条件密切相关。陕南地处我国南北交界线上，属亚热带湿润、半湿润气候，土壤较为肥沃，适于农作物生长，原始密林植被丰富，矿产资源富饶。这些条件对地狭人众地区的居民有着巨大的诱惑力。同时，陕南地区处于川、鄂、甘、豫四省交界，其自然地理条件也便于流移之民迁入。

另外，各省居民还有因逃租、逃罪、经商等其他原因而移居陕南的，不过这只是极少数。因此，从康熙中期开始便有外地人口陆续迁入陕南，并在乾隆、嘉庆时期形成了十分浩荡的移民浪潮。

4. 影响

清代移民流徙陕南，经过一个多世纪的开发，陕南各地大规模垦殖土地并开发利用，家庭手工业与农业分离，乃至一大批手工工场出现。商品经济日趋繁荣使陕南地区一度进入了经济社会发展的全盛时期。但过度开发而引起的生态变化，使该地区经历短期的繁荣兴旺后随之转入停滞衰败，最终制约和阻碍了陕南经济社会的可持续发展。

森林面积减少。从明中叶起至清道光年间移民潮的出现，为陕南地区带来了大量劳动力，并对陕南农业经济发展产生了决定性的影响。在大批移民进山垦荒的推动下，陕南山区在不到 100 年的时间里，人口剧增，土地开垦达到饱和。并且在融汇南北技术条件下，充分发展了造纸、冶铁、木材采伐等手工业，经济繁盛一时。昔日的荒山野岭变成了广袤的农田，促进了农业在一定限度内的发展，由于农业开垦行为对自然环境的改造有限，对当地自然生态环境产生了一系列的影响。如植被遭到大面积的毁灭性破坏。植被在农业上具有固土护沙、保持水源、调节气候等多种功用。陕南地区是我国森林较为茂密的地区，但植被分布状况远远不及清中叶以前。农业耕作线的迅速推进和森林的滥行砍伐，造成了陕南耕地扩张和植被消失这两个现象的同步发展。

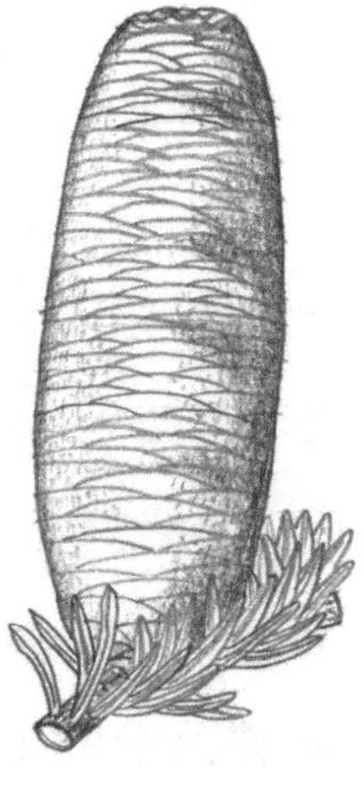
巴山冷杉

陕南西部的秦岭腹心地带是森林最为密集的地方。经乾隆晚期至嘉庆末年数十年砍伐，该地森林成片消失。如周至县西南至洋县的 300 千米密林中，许多地方已是“老林已开者十之六七”。洋县界连宝鸡、宁陕诸处，当时虽有数百里、数十里的成片森林，但冬春之际在此大兴砍伐的人数常多达数万，面积也在日渐缩小，其中仅周至一县就开进老林 100 余千米。

如陕南南部的紫阳县在乾隆中叶还是森林茂密之区，陕南东部的商州直隶州原本有面积广大的山林，但耕地面积日益扩大之后，森林破坏现象也十分严重。

水土流失现象加剧。植被毁坏、次生林与人工林后续不足，以及玉米在坡地的大面积种植，致使陕南的水土流失、耕地贫瘠化加剧，自然灾害频繁发生。如至道光年间，西乡县重要的水利设施五渠堰经常遭到山洪破坏。道光《西乡县志》的编者认为其原因在于：“彼时（康熙初）北山尚多老林，土石护根，不随山水而下，故沟渠不受其害。乾隆以后，山尽开垦，水故为患。”结果西乡县嘉庆二十五年和道光二年、六年接连发生严重水灾。康熙以后 40 余年间，汉中府山区“沿栈山林开垦略尽，土浮石松，夏秋雨发，淤塞道中，各溪涧乱石填高，往往水与路平”。由于“南山（秦岭）一带老林开空，每当大雨之时，山水陡涨，夹沙带石而来，沿河地亩，屡被冲压”。随着移民的迁入，垦荒不断向深山老林推进，同时也为后来的山洪、水灾等自然灾害的频繁发生埋下了严重的隐患。

野生动物减少。秦巴山区是世界六大生物起源中心之一，生物物种资源异常丰富。我国现有的许多珍稀野生生物都分布在这里，当年应该远较今日丰富多样。陕南落后的农业垦殖方式也使该地区的野生动植物资源遭到破坏。由于大面积的深山密林被垦作农田，动植物生存条件遭到破坏，其品种和数量因此日趋减少。物种的消失有一个过程，如野生动物，有一个不断被排挤、生存空间萎缩、生存环境破坏的渐进过程，从这个意义上讲，许多记述都值得重视。更重要的是，明清时期，上述进程加快了。乾隆《洵阳县志・物产》记载：“近各乡山已尽童，亦鲜虎暴矣。”道光《石泉县志・物产》中记载：“禽兽，鸥、鹭、鸳鸯、虎、豹、麋、鹿、熊、罴，旧志有之，今开垦既遍，亦不尽有。”在史书《万县志・物产》中曾记载：“虎、

华南虎

豹、熊、罴殆无常产，县境四面皆山，在昔荒芜，尚或藏纳，今则开垦殆尽，土沃民稠，唯见烟蓑雨笠，牛羊寝讹而已。”道光《紫阳县志》卷 1 的《山川》中也提及，“紫阳县三台山旧多虎豹，乾隆末年以后，山林尽被开垦，群兽远迹”。随着大面积的深山密林被开垦，人类活动范围扩大，相应地森林面积减少，野生动物生存所依附的繁衍之地也随之减少。

5. 现状

如今的陕南，在生态旅游的指引下焕发了新的生机与活力。“退耕还林还草”“天然林保护”“长江防护林体系”等重大战略性工程的启动，正在彻底地改变着陕南经济结构及发展方式。森林覆盖率的增加、生态环境的改善，给生态旅游的发展描绘了美好的前景。

2015 年年末，汉中被评为“中国最美十大城镇”之一。美丽的汉江从汉中城缓缓流过，诉说着这座古老城市的昨天与今天。修缮一新的古汉台见证了历史的沧桑与巨变，也见证了现代化新城的崛起与飞跃。每年三月，这里的油菜花海迎来了全国各地的摄影爱好者和旅游观光者。褒河公路两边生长着我国特有的珍稀树种——被誉为“活化石”的水杉，还有可爱的朱鹮、憨态可掬的大熊猫、活灵活现的金丝猴和羚牛等秦岭四宝，是汉中生态环境优越的真实体现，陕南人说起自己的家乡，那是几天几夜说不完道不尽。

在这里，陕南的生态旅游与关中的文物文化旅游、陕北的黄土风情旅游共同构成了陕西旅游业发展的三驾马车。在这里，我们望得见山，看得见水，记得住美丽的乡愁。

陕西南部的汉中、安康和商洛三市是我国南北气候的分界线和生态屏障，这里也是我国南水北调中线工程和引汉济渭工程的重要水源地和取水口。因此，时至今日，又一次迎来了移民搬迁。

2011 年 5 月 24 日，《文汇报》刊文《告别灾害，陕南大移民》：省政府在进行科学、全面的论证后，下决心对居住在深山半坡和滑坡点的 60 万户群众实施移民搬迁，并制定通过了《陕南地区移民搬迁安置总体规划》。根据规划，预计要在 2011—2020 年的 10 年间，陕南的 3 市 28 县，共移民 60 万户 240 万人，占总户数和总人口数的 21.98%和 26.38%，总投资将超过 1100 亿元。如此规模宏大的移民，超过三峡搬迁的 150 万人，将是新中国历史上规模最大的一次移民。

这是一项牵扯环境、资源、经济、社会等方面的庞大工程，关系到区域经济、社会与生态的可持续发展问题。

第二章　自然环境

陕西独特的地形地貌特征，使全省形成了陕北黄土高原、关中平原和陕南秦巴山地三个各具特征的自然区。

地处陕南的秦巴山区具有北亚热带的特色，冬温夏热，四季分明，降水丰沛，气候湿润，是全省农作物生长时间最长的地区，有明显的南方农区特点。秦巴山区，山多地少，素称“八山一水一分田”。

山水相连的汉中风光

陕南秦巴山地包括秦岭、汉江盆地与大巴山区。土地面积占全省土地面积的36%，是陕西林业、药材资源的宝库。汉江谷地，多系低山丘陵盆地，是全省亚热带资源宝库。著名的汉中盆地是汉江冲积平原，水源充足，盛产水稻，有“小江南”之称。长江最长支流——汉江，横贯中部，形成以汉中、安康为中心的河谷盆地，这里是陕南的主要农业生产基地。盆地西高东低，西自阳平关，东经汉中、安康、旬阳，海拔高度依次为560米、520米、260米、200米。

汉中市地处秦巴山区西段，北靠秦岭，南倚巴山（亦名米仓山），中为汉江上游谷地平坝。境内地势南北高，中间低，形成了“两山夹一川”的地貌骨架。

第一节　行政板块

1. 汉中

汉中的特色不仅仅在于汉文化，还有它特殊的地理位置和气候、生态的多样性。汉中北依秦岭，南濒巴山，中间为汉中平原。汉中盆地是中国著名的粮仓，也承载着汉中绝大多数的人口。这里是中国南北气候分界线、江河分水岭，四季分明、气候湿润、冬无严寒、夏无酷暑，并因此造就了物种的多样性。汉中的森林覆盖率为52%，林草的植被率达60%，这在全国也是不多见的。汉中境内有汉江、嘉陵江等567条河流，是国家“南水北调”中线工程的水源地。为保证调往京、津、冀地区的水质，我们必须对汉江流域进行水土流失治理，防止污染，加大城市基础设施建设力度，这实际上就提升了汉中的文明水平、生活质量以及现代化水平，让汉中古城更具品位！

汉中地处祖国大西南，北界秦岭山脉，南界大巴山，总面积27 246平方千米。其间是由汉江冲积而成的汉中平原。属亚热带气候。汉中市位于汉水上游，汉中盆地中部，东经106°51′～107°10′、北纬33°2′～33°22′之间。地形特点南低北高，市内有平原、丘陵和山地等三种地貌。平原区为汉江冲积平原的一、二级阶梯，海拔500～600米，地势平坦，土壤肥沃，占全市面积的34.62%；丘陵为山前洪积扇形成的宽谷浅丘地带，海拔601～800米，地势起伏较大，约占全市面积的 28.1%；山地是秦岭南坡形成的浅山和中山地区，地势较为复杂，土壤贫瘠，海拔701～3 071米，约占全市总面积的37.2%。

气温：区内气温的地理分布，主要受制于地形。年均气温14℃。西部略低于东部，南北山区低于平坝和丘陵。海拔600米

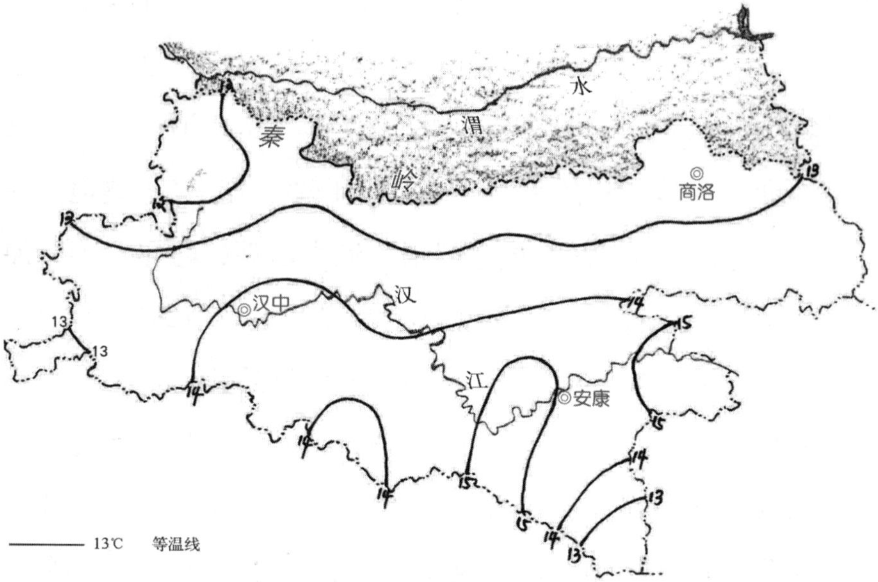

陕南地区年均气温

以下的平坝地区年均气温 14.2～14.6℃；一般海拔 1 000 米以上的地区年均气温低于 12℃；西部嘉陵江河谷年均气温高于 13℃。

降水：汉中市地处北半球中纬度，形成全年降水的暖湿空气主要来自印度洋孟加拉湾，其次是西太平洋。夏季，在副热带高压影响下，孟加拉湾水汽沿西南低涡下部的西南季风北上，经西藏、云南及四川西北部到达本区上空；西太平洋水汽随副热带高压边缘的东南气流输入本区上空。冬季，受极地大陆冷气团（主要是蒙古高压）控制，多西北季风，形成寒冷干燥少

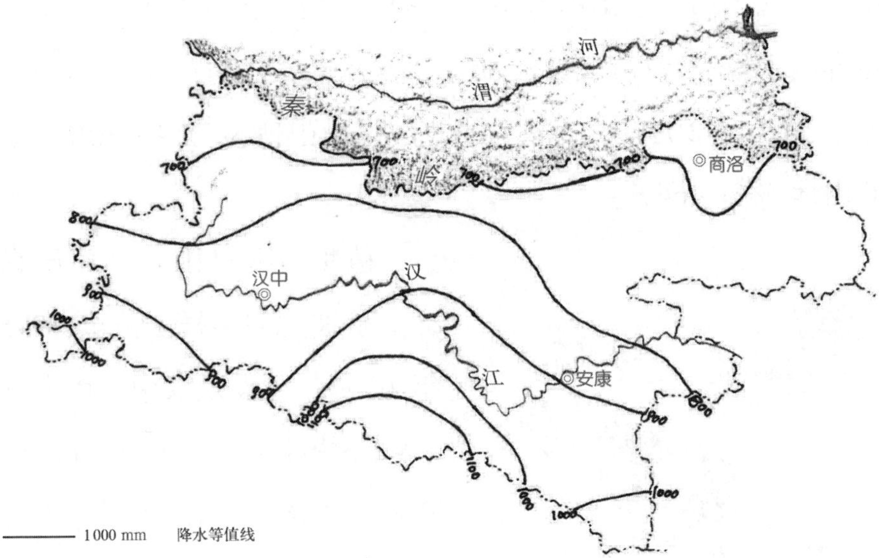

陕南地区年均降水量

雨的天气。春秋为过渡季节，春暖少雨，秋凉多雨，气候湿润。地面植被、水库、河流、田园等所蒸发于空间的水汽参与降水甚微。来自西南、东南的暖湿气流受巴山、秦岭阻隔，使得区内雨量充沛，但因为两山位于西南气流的路径上，由于中低层云系的水汽系统辐合，以及地形抬升和山地垂直影响，使本区南北承接水汽不等，降水量分布悬殊，多年平均降水量为700～1 700 毫米之间。其中南部米仓山最为丰富，成为陕西之冠。

湿度：整个汉中市年平均相对湿度分布态势基本呈南大北

小，汉江平坝、巴山山地 70%～80%，秦岭山地 73%。一年中冬春两季较小，夏秋较大。9、10 月为全年之冠，均在 80%～86%；冬季 12、1、2 月三个月汉江平坝、巴山山地为 75%～80%，秦岭山地 58%～66%。

植物：秦巴山区多原始森林，植被类型多样。截至 1995 年 10 月，已发现汉中市境内有 2 942 种植物，分属种子、蕨类、苔藓、地衣、真菌和藻类，计 7 门 282 科 1160 属植物。其中仅种子植物就有 166 科 958 属 2 564 种，分别占到全国科（166/291）的 57%、属（958/2 940）的 32.6%、种（2 564/24 300）的 10.6%。汉中是中国最大的天坦群落所在地。森林覆盖率达 51.2%，植被覆盖率 56%，林地面积居全省第一，活立木蓄积量 8 781 万立方米，可利用草场 33.3 万公顷。

红豆杉

动物种群：汉中市位于古北界动物区系和东洋界动物区系的交汇处，南北动物兼有，动物种群组成丰富。其间生存的珍稀动物有大熊猫、朱鹮、金丝猴、羚牛、中国大鲵（娃娃鱼）

等。朱鹮已经成为汉中的城市象征（“市鸟”）。

汉中市野生脊椎动物计有：鸟类335种，属17目、51科，其中留鸟155种，夏候鸟91种，冬候鸟28种，旅鸟61种；哺乳动物137种，属7目、27科；两栖类动物24种，属2目、7科；爬行类37种，属3目、9科；鱼类109种，属6目、15科。

“汉中四宝”：汉中有“汉家发祥地，中华聚宝盆”之美誉，生活在秦岭南麓汉中盆地的朱鹮、大熊猫、金丝猴和羚牛这四种珍稀动物，一直被誉为“汉中四宝”。这“四宝”是“中华聚宝盆”的最佳注脚，这是汉中生态环境无比优越的见证，其中“四宝”之首的朱鹮为汉中市“市鸟”。由于“汉中四宝”一般生活在秦岭里，所以又被称为“秦岭四宝”。但这不是很恰当的说法，因为秦岭是中国地理的南北分界线，北麓关中地区和南麓汉中及陕南地区气候相差较大，这种说法很容易造成不分南

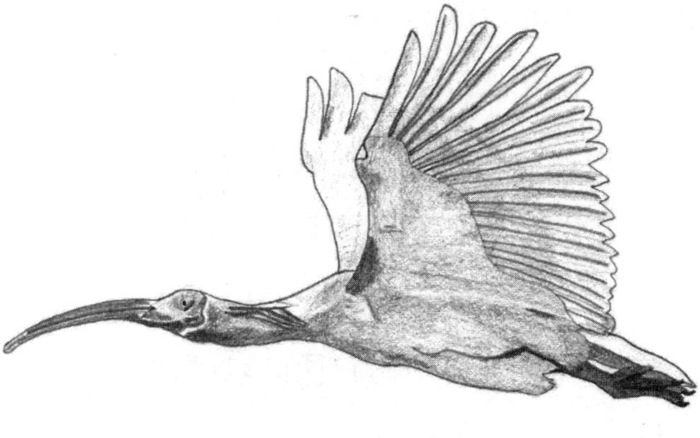

朱鹮

北的误解。

地处秦巴山区的陕西省汉中市，有 7.47 万公顷油菜花，年产油料 14.4 万吨。每年的 3、4 月份，盛开的油菜花与镶嵌其间的麦苗及青山绿水相互掩映，构成汉中盆地一道亮丽的风景线。

2. 安康

安康在大地构造位置上属于秦岭地槽褶皱系南部和扬子准地台北部汉南古陆的东北缘，分别由东西走向的秦岭地槽褶皱带和北西走向的大巴山弧形褶皱带复合交接组成。具南北衔接、东西过渡的特点。安康以汉江为界，分为两大地域，北为秦岭地区，南为大巴山地区，以汉水—池河—月河—汉水为秦岭和大巴山的分界，其地貌呈现南北高山夹峙、河谷盆地居中的特点。全市地貌可分为亚高山、中山、低山、宽谷盆地、岩溶地貌、山地古冰川地貌六种类型。在本市土地面积中，大巴山约占 60%，秦岭约占 40%；山地约占 92.5%，丘陵约占 5.7%，川道平坝占 1.8%。海拔高程以白河县与湖北省交界的汉江右岸为最低（海拔 170 米），秦岭东梁为最高（海拔 2 964.6 米）。秦岭主脊横亘于北，一般海拔 2 500 米左右；大巴山主梁蜿蜒于南，一般海拔 2 400 米左右；凤凰山自西向东延伸于汉江谷地和月河川道之间，形成“三山夹两川”地势轮廓，汉江谷地平均海拔

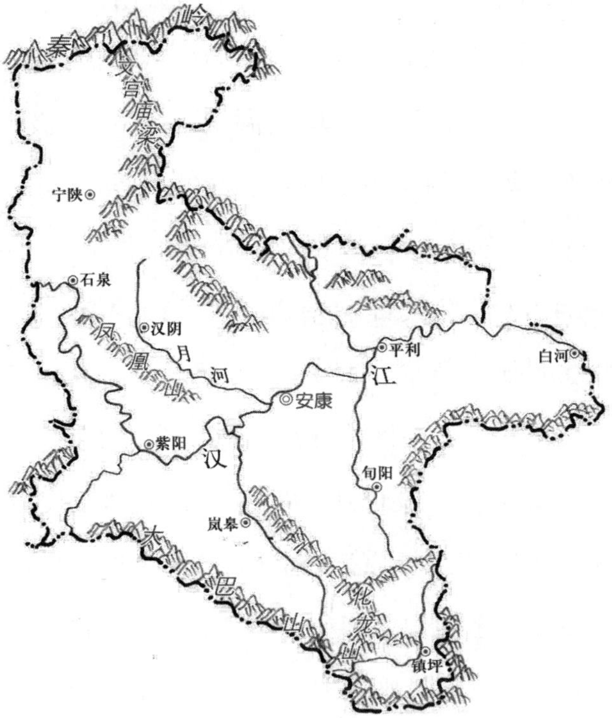

安康地形示意图

370米左右。秦岭、大巴山主脊与汉江河谷的高差都在2 000米以上。境内的主要山脉有秦岭的东梁、平河梁、南羊山和大巴山的化龙山、凤凰山、笔架山。境内最高点为秦岭东梁，海拔2 964.6米，最低点为白河县汉江出省处右岸，海拔168.6米。

安康属亚热带大陆性季风气候，气候湿润温和，四季分明，雨量充沛，无霜期长。其特点是冬季寒冷少雨，夏季多雨且多有伏旱，春暖干燥，秋凉湿润并多连阴雨。多年平均气温15～17℃。1月平均气温3～4℃，极端最低气温-16.4℃（1991年12月28日宁陕）；7月平均气温22～26℃，极端最高气温42.6℃（1962年7月14日白河县）。最低月均气温3.5℃（1977年1月），最高月均气温26.9℃（1967年8月）。全市平均气温年较差22～24.8℃，最大日较差36.8℃（1969年4月镇坪）。气候垂直地带性明显，气温的地理分布差异大。川道丘陵区一般为15～16℃，秦巴中高山区为12～13℃。生长期年平均290天；无霜期年平均253天，最长达280天，最短为210天。年平均日照时数为1 610小时，年总辐射106千卡/平方厘米。0℃以上持续期320天（一般为2月10日至12月20日）。年平均降水量1 050毫米，年平均降雨日数为94天，最多达145天（1974年），最少为68天（1972年）。极端年最大雨量1 240毫米（2003年），极端年最少雨量450毫米（1966年）。降雨集中在每年6月至9月，7月最多。

安康总面积23 391平方千米。其中陆地23 130.44平方千米，占98.9%；水域398.6平方千米，占1.7%。人口密度为每平方千米115人。其中耕地总面积380 094公顷，常用耕地面积191 478公顷，林地1 658 496公顷，森林覆盖率56.5%，荒山荒地91 691公顷，水域面积39 861公顷。

安康市探明和发现的矿产资源有65种，探明储量的矿产有32种，其中在陕西和中国位居前列的矿产有金矿、汞矿、毒重石、瓦板岩、重晶石、锑矿、锌矿等。除此以外，安康市水泥用灰岩探明28处，储量24 407万吨；金红石发现2处，探明储量75万吨；硫铁矿探明5处，其中平利凤凰尖硫铁矿储量3 348万吨，伴生钴4 141吨；钛磁铁矿探明多处，储量约4亿吨；滑石、雄黄、钼矿、玻璃用石英、饰面大理岩、绿松石、石煤等矿产均有探明储量。

3. 商洛

商洛市地跨长江、黄河两大流域，属暖温带半湿润气候，年平均降水量710～930毫米。

商洛地形地貌结构复杂，素有“八山一水一分田”之称。境内有秦岭、蟒岭、流岭、鹘岭、新开岭和郧岭六大山脉，绵延起伏。岭谷相间排列，地势西北高，东南低，由西北向东南伸展，呈掌状分布。海拔最高点位于柞水县北秦岭主脊牛背梁（2 802.1米），最低点位于商南县梳洗楼附近的丹江谷地（216.4米）。主要河流有丹江、洛河、金钱河、乾佑河、旬河五大河流，纵横交错，支流密布。横跨长江、黄河两个流域。北部气候属暖温带，南部气候属亚热带。年平均气温7.8～13.9℃，极端最高气温 37～40.8℃，最低气温－11.8～－21.6℃。年均降水量 710～ 930 毫米，日照 1 860～2 130 多小时，无霜期为 210 天。山高，并不危岩耸天，水多，亦很少激浪泛滥。其风土人情，既兼北国之犷野，又融南国之灵秀。

商洛市地处陕西省东南部，与豫、鄂两省接壤。位于东经 108°34′20"～111°1′25"、北纬 33°25′40"～34°25′40"之间，西邻古都西安，东瞰南阳盆地，北接八百里秦川，南带江汉平原，总面积 19 293 平方千米。

商洛市辖商州区、洛南县、丹凤县、商南县、山阳县、镇

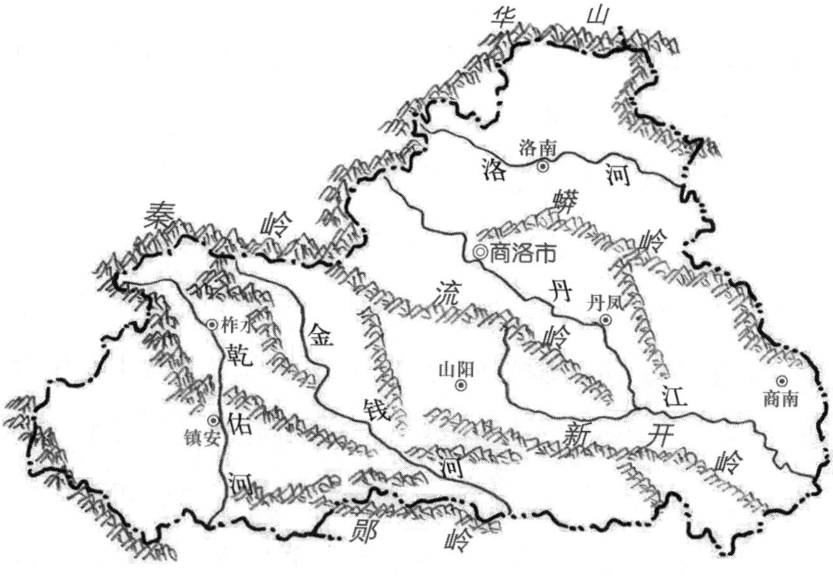

商洛地形示意图

安县、柞水县六县一区，122 个乡镇。商洛市地跨长江、黄河两大流域，雄伟的秦岭主脊、蟒岭、流岭、鹘岭、郧西大梁和新开岭六条主要山脉，像粗壮的手指，由西北向东北、东、东南延伸在古老的商洛境内，洛河、丹江、金钱河、乾佑河、旬河蜿蜒其中，岭谷相间依次排列，大自然的神工鬼斧，把商洛造就成为一巨大的掌状山地（详见商洛地形示意图）。北亚热带与南暖温带的气候过渡，横跨长江、黄河两大水系，以及高山低谷的垂直差异，秦楚文化的交流融汇，更是给这手掌般的山地蒙覆了神秘的面纱，使商洛成为一块神奇的土地。

第二节　山川河流

1. 秦岭

秦岭是陕西省内关中平原与陕南地区的界山，这座被尊为“华夏文明龙脉”的山系，其主峰是太白山，海拔 3 771.2 米，在陕西省宝鸡市太白县。秦岭是陕西的名片，2009 年，陕西省提出了陕西旅游的主题是“山水秦岭，人文陕西”。

自古以来，秦岭就被蒙上了一层神秘的面纱，这一名字从何而来，究竟出自谁口，至今史学界对此仍莫衷一是，只有一种观点被学界普遍认可，那就是它源于古代秦人和秦帝国的威名。所以，这座横亘在中国内陆腹地的巨大山系，就叫秦岭。古老的地理学认为，中国大陆众多山脉的根是昆仑山。因此，在秦始皇统一中国之前，秦岭被称为昆仑；后来，又因为秦岭矗立在秦国都城之南，所以又称作终南山，或者南山。秦岭有狭义和广义之分。

司马迁在《史记》中记载："秦岭，天下之大阻也。"冠之以"九州之险"的称号。狭义的秦岭是秦岭山脉中段，位于陕西省中部的一部分，海拔 2 000～3 000 米，北侧断层陷落，山

太白山云海

体雄伟，势如屏壁。

广义上的秦岭是横贯中国中部的东西走向山脉。西起甘肃省临潭县北部的白石山，向东经天水南部的麦积山进入陕西。在陕西与河南交界处分为三支：北支为崤山，余脉沿黄河南岸向东延伸，通称邙山；中支为熊耳山；南支为伏牛山。长约1 600多千米，南北宽数十千米至二三百千米，气势磅礴，蔚为壮观。由于秦岭南北的温度、气候、地形均呈现差异性变化，因而秦岭—淮河一线成为中国地理上最重要的南北分界线。

秦岭的诞生可以推演到700万～1 000万年之前，北方的劳亚大陆和南方的冈瓦纳大陆，在地球运转和地球内部力量的推动下，相向移动。大地就是这样在剧烈的创痛中开始形成山脉。秦岭正位于两大地质板块的缝合带。在两大地质板块的碰撞与整合中，从地质意义上完成了中国大陆的统一。而地质缝合带上的巨大伤疤，最终成为隆起在地表的山脉——秦岭。

陕西境内的秦岭呈蜂腰状分布，东、西两翼各分出数支山脉。西翼的三支为大散岭（海拔2 819米）、凤岭（海拔2 000米）和紫柏山（海拔2 538米）。东翼分支自北向南依次为华山（海拔2 154.9米）、蟒岭、流岭和新开岭。山岭与盆地相间排列，有许多深切山岭的河流发育。秦岭中段主体为太白山（海拔3 771.2米）、鳌山（海拔3 476米）、首阳山（海拔2 720米）、冰晶顶（又名静峪脑，海拔 3 015 米）、终南山（海拔 2 604 米）、草链岭（海拔 2 646 米）。山体横亘，对东亚季风有明显的屏障作用，是气候上的分界线，又是黄河支流渭河与长江支流嘉陵江、汉江的分水岭。

山间多横谷，为南北交通孔道。宝成铁路沿嘉陵江河谷穿过山地。秦岭山地对气流运行有明显阻滞作用。夏季使湿润的海洋气流不易深入西北，使北方气候干燥；冬季阻滞寒潮南侵，使汉中盆地、四川盆地少受冷空气侵袭。因此秦岭成为亚热带与暖温带的分界线。秦岭以南河流不冻，植被以常绿阔叶林为主，土壤多酸性。秦岭以北为黄土高原，1 月平均气温在 0℃以下，河流冻结，植物以落叶阔叶树为主，土壤富钙质。秦岭山地、白龙江流域尚保存连片森林，并有珍贵动物和植物。佛坪为大熊猫栖息地之一。商洛市的核桃、岷县的当归等均以高产优质著称。

秦岭的动植物资源丰富，呈现明显的过渡性、混杂性和复杂多样性。野生动物中有大熊猫、金丝猴、羚牛等珍贵品种，鸟类有国家一级保护动物朱鹮和黑鹳。在秦岭的高山密林里，还藏匿着鬣羚、斑羚、野猪、黑熊、林麝、小麂、刺猬、竹鼠、鼯鼠、松鼠等哺乳动物，以及堪称世上最为丰富的雉鸡类族群。

陕西秦岭大熊猫的发现，始于 20 世纪 50 年代末。早在 1932

年，动物学界就推测秦岭南坡有大熊猫存在。1959 年冬，中国生物科学工作者首次在佛坪县岳坝乡发现秦岭大熊猫，1964 年首次在报刊公布秦岭大熊猫，引起了世界的关注。

佛坪大熊猫

秦岭北部是渭河，是黄河最大的一级支流；南部是汉江，是长江最大的一级支流。这座博大精深的山脉养育出两条具有非凡意义的河流。

毛凤枝在《南山谷口考》中提及，“自古就有秦岭七十二峪的说法”。秦岭七十二峪指秦岭北坡东起潼关、西至宝鸡较大的峪口，大多河水源于分水岭，有比较长的川道，自古有小路通行，最有名者有蓝关道、子午道、傥骆道、陈仓道等。至于较小的峪口、沟口多达数百，不计于此。七十二峪自东向西分布如下：

潼关 7 个峪口分别是：善车峪、西峪、太公峪、桐峪、麻峪、蒿岔峪、潼峪；

华阴 10 个峪口分别是：蒲峪、杜峪、黄甫峪、华山峪、仙峪、瓮峪、竹峪、大敷峪、方山峪、葱峪、柳峪；

华州区6个峪口分别是：东涧峪、西涧峪、小夫峪、桥峪、沟峪、石堤峪；

渭南2个峪口分别是：奓（zhā）峪、箭峪；

蓝田 7 个峪口分别是：扯袍峪、东汤峪、小洋峪、岱峪、辋峪、道沟峪、清峪；

长安区 16 个峪口分别是：土门峪、石砭峪、太乙峪、蛟峪、天子峪、抱龙峪、高冠峪、子午峪、祥峪、沣峪、皇峪、白石峪、大峪、白道峪、小峪、库峪；

户县 11 个峪口分别是：甘峪、乌桑峪、黄柏峪、化羊峪、烧柴峪、涝峪、紫阁峪、潭峪、栗峪、鸽鹁峪、太平峪；

周至7个峪口分别是：耿峪、竹峪、西骆峪、黑峪、就峪、田峪、赤峪；

眉县6个峪口分别是：斜峪、大黑峪、小黑峪、滑峪、西汤峪、泥峪。

众多文人留下了有关秦岭的诗篇。

盛唐大诗人王维，在他那首脍炙人口的《山居秋暝》中，是这样描述秦岭山水的：

空山新雨后，天气晚来秋。
明月松间照，清泉石上流。
竹喧归浣女，莲动下渔舟。

随意春芳歇，王孙自可留。

这首诗描绘的是 1 400 多年前，蓝田县秦岭深处，一条名叫辋川的静谧幽深的山谷。

公元 819 年，51 岁的韩愈因上书进谏激怒唐宪宗而被逐出

山居秋暝

长安，发配潮州。在路上写下了被后世永远传诵的著名诗篇。

一封朝奏九重天，夕贬潮州路八千。
欲为圣明除弊事，肯将衰朽惜残年！
云横秦岭家何在？雪拥蓝关马不前。
知汝远来应有意，好收吾骨瘴江边。

中国古代最早记述秦岭的文字著作，分别是《山海经》和《禹贡》。《山海经》称得上是一部千古奇书，它的作者和成书年代至今都还是谜。有人推测说作者是大禹，然而大禹时代中国未出现文字，所以这一说法并不成立。也有人说它成书于战国时期或西汉。直到今天，这一谜团也没有解开。

记述秦岭的另一部著作是《禹贡》，全书 1193 字。关于这部著作的作者说法不一，史念海先生在《论〈禹贡〉的著作时代》一文中推断作者是魏国人。它的成书时间被大致推测为战国时期。在它的文字记述中，中国山脉的布局是一个“三条四列”的系统，其中秦岭被列为中条。秦岭被世人所熟知跟一位外国人密不可分，此人就是德国地质学家李希霍芬。1868 年 9 月，李希

李希霍芬

霍芬来到中国，他用四年多的时间走遍了中国的十四个省区。就是在秦岭南麓，李希霍芬开展了卓有成效的地质考察工作。他搜集资料，采集化石和岩矿标本，绘制地形图、地质图以及地层剖面图，回国后出版了著名的地学著作，这就是五卷本的《中国》，从此真正具有地质学意义的秦岭和李希霍芬的名字一起被世人逐渐熟知。

秦岭的北坡自然区位于关中平原盆地区南部，主要包括宝鸡市太白县东北部、眉县南部和周至县、户县、长安区、蓝田县、临渭区、华阴市、华州区、潼关县的南部山区。以山地森林景观为主，从山麓到山顶垂直变化明显，动植物资源丰富，是关中木材和山货土特产品的重要产地。且由于山高坡陡，河溪深切，水流湍急，在许多地方形成瀑布和急流深潭，风光奇特，因而形成许多风景名胜点，旅游开发潜力较大。同时，该区山地矿产资源丰富，不仅金矿、钼矿等蕴藏丰富，而且有大量的非金属矿和建材石料，为发展冶金、建材工业提供了丰富的资源，其中潼关、太白的金矿，金堆城钼矿，蓝田玉石等最为著名。

南坡自然区位于秦巴山区之间，跨越商洛、安康、汉中等市，一直延伸至河南省。自然资源比较丰富，素有“南北植物荟萃、南北生物物种库”之美誉。森林资源，包含中国南北多种植物；特色产品繁多，如核桃、柿子、板栗、木耳、核桃。板栗和柿子产量居全省之首，核桃产量占全国的六分之一。又是全国有名的“天然药库”。中草药种类 1 119 种，列入国家“中草药资源调查表”的达 286 种。矿产资源丰富，主要矿产有金、银、煤、钒、铝、锌等，钾长石储量位居全国第一、世界第二，钒矿储量居亚洲第一。动物种类多，有大熊猫、苏门羚、青羊、林麝、水獭、黑鹳等珍稀动物。

2. 大巴山

大巴山是中国陕西、四川、湖北三省交界地区山地的总称。东西绵延 500 多千米，故称千里巴山，简称巴山。巴山不仅是嘉陵江和汉江的分水岭，也是四川盆地和汉中盆地的地理界线。广义的大巴山系指绵延在四川、甘肃、陕西、湖北四省边境山地的总称。狭义的大巴山在汉江支流河谷以东，四川、陕西、湖北三省边境。大巴山脉一共分三段：东段大神农架位于湖北省西端，主峰神农顶海拔 3 053 米，为华中第一峰。其分支武当山位于湖北省西北隅，主峰天柱峰海拔 1 612 米。荆山在武当山东南，主峰聚龙山海拔 1 852 米。中段大巴山（狭义）的太平山和化龙山，海拔分别为 2 797 米和 2 917 米。西段米仓山横亘于陕西、四川接壤地带，为汉水与嘉陵江分水岭，海拔

1 300~2 000 米，主峰光雾山海拔 2 507 米。

神农架板壁岩

大巴山因褶皱、抬升、断裂作用强，山势峭拔，沟狭谷深，奇峰幽秀，故以险峻闻名。石灰岩分布区山势陡峭，多露岩和奇异的溶岩，花岗岩和砂岩分布区多浑圆状和平梁状山丘。河流或者沿地质构造走向分布，或者垂直切割地质构造走向，形成格状水系分布。众多河流曲折迂回其间，山间坝子众多，较大的有宁强县关口坝、大竹坝，南郑县元坝、碑坝，西乡县大河坝和镇巴县渔渡坝等。

历史上大巴山因其控扼汉水下游和长江中游，具有重要的军事价值。东部，今湖北竹山、房县一带，曾经是秦楚相斗、汉魏争夺之地，明、清两代是流民避难、生息之所和农民起义军的活动场地，李自成、张献忠等部及白莲教义军曾长期在此地与官军周旋。土地革命战争时期，红四方面军曾在今通江、南江、巴中等地先后粉碎国民党四川军阀的“三路围攻”和“六路围攻”，创建了川陕根据地。古米仓道，是汉中通往川东北、巴中等地区的必经之路，1932 年红四方面军和 1949 年中国人民解放军第 18 兵团由陕入川，均沿此道进军。

提到巴山，人们总会想起唐代诗人李商隐的《夜雨寄北》：

君问归期未有期，
巴山夜雨涨秋池。
何当共剪西窗烛，
却话巴山夜雨时。

夜雨寄北

这首诗是作者身居异乡巴蜀，写给远在长安的妻子的一首抒情七言绝句。这里的巴山，泛指巴蜀之地。

3. 汉江

在整个中华民族的历史进程中，汉族、汉朝、汉人、汉子、汉字、汉剧、汉白玉等等这些称谓，都源自汉江，这在全国乃至世界的江河中恐怕都绝无仅有。在古代，汉江还被拿来对应天上的银河，《诗经》说："维天有汉，监亦有光。"

汉江，又称汉水、汉江河，为长江最长的支流，据《尚书·禹贡》中记载，"嶓冢导漾，东流为汉"。关于汉江源头，主要有三种说法：南源说，即玉带河；北源说，即沮水；中源说，即嶓冢山石牛洞。汉江南源位于秦岭南麓陕西宁强县

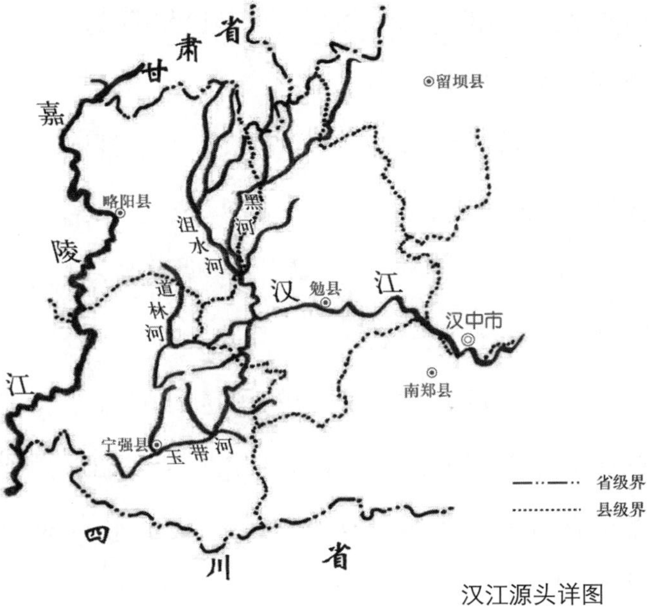

汉江源头详图

境内，流经沔县（现勉县）称沔水，东流至汉中始称汉水；自安康至丹江口段古称沧浪水，襄阳以下别名襄江、襄水。确定一条江河的源头，绝非易事。地学界对如何确定一条河流的正源（又称主源）也尚存分歧，据不完全统计，确定源头的标准就多达十几种说法，归纳起来，重要的有如下五种主张：①“河源唯远”，以距河口最远点作为河流的发源地（源头）。即依河流长短，水流最长者为正源。②依河网平面图的上下游一致性。即某条源流与下游干流流向比较顺直一致，形似干流向上的自然延伸者为正源。③依水量之多寡，水量大者为正源。④依历史习惯，维持人们长期以来的普遍看法而不去轻易变更。⑤依河谷发育期的早晚，河谷形成较早者为正源。在上述主张中，赞同“河源唯远”的较多。

最终确定汉江源头为汉江南源玉带河。源头距汉中市宁强县城约 13 千米，地处川陕交界处，山峻谷狭，其间仅有一溪流过，河水顺山势泻下，溅珠喷雪，声若琴筑，形成了“三瀑”“三潭”的奇特景观。

华夏民族是逐水而居的民族，河流孕育着文明。有专家学者认为，汉江起到了将黄河文明与长江文明连贯起来的作用，孟子在他的《滕文公下》中讲到，“水由地中行，江淮河汉是也”。汉江常与长江、淮河、黄河并列，合称“江淮河汉”，汉江是长江最长的支流，在历史上占据重要地位。汉江较大的支流有褒河、任河、旬河、夹河、堵河、丹江、南河和唐白河等。除这些主要河流外，干流长度 10 千米以上、流域面积 20 平方千米以上的支流有松河、磨房沟（亦名魔王沟）、西门河、紫阳沟、长滩沟、大米溪、小米溪等 6 条。

汉江流经陕西、湖北两省，在武汉市汉口龙王庙汇入长江。河长 1 577 千米，1959 年前流域面积为 17.43 万平方千米，位居长江水系各流域之首；1959 年后，流域面积减小至 15.9 万平方千米。干流湖北省丹江口以上为上游，河谷狭窄，长约 925 千米；丹江口至钟祥为中游，河谷较宽，沙滩多，长约 270 千米；钟祥至汉口为下游，长约 382 千米，流经江汉平原，河道蜿蜒曲折逐步变窄。汉江支流丹江为南水北调中线水源地，而汉江干流也为南水北调备用水源。

丹江口

即使在工业化空前的今天，汉江依然如诗画般清澈、安宁、美丽。沿汉江而下，仍可见到许多中国传统文化对这里生活方式的影响。虽然用现代眼光看，汉江颇为沉寂，但正是这里过于的沉寂使得它比中国其他许多河流更接近自然与人文的原生态。今天，随着南水北调工程的实施，汉江又一次在人们的视野中凸现了出来。

汉江是汉朝的发祥地。而汉朝得名于汉中（项羽封刘邦为汉中王），汉中则得名于汉江，意为天汉，即银河之意，蕴含汉江与银河相对应之意。刘邦登上皇帝宝座后，便以其王号来命名这个新建立的王朝。

如今的汉江仍是一条未被污染的河流，她清澈的水流淙淙流过，维系着中国内陆仅存的“田园”。

4. 丹江

丹江，古称丹水、淅水、粉青江、黑江，发源于秦岭地区（陕西省商洛市西北部）的凤凰山南麓，经商洛市商州区、丹凤县、商南县，于荆紫关附近（商南县汪家店乡月亮湾）出陕境进入河南省淅川县，向南在湖北省原来丹江与汉水交汇的地方注入丹江口水库。商州区到丹凤龙驹寨河段俗称“州河”，龙驹寨至河南省荆紫关河段俗称“寨河”，其主要支流有老灌河和淇河。全长 443 千米，为汉江最长一支流。

丹江，发源于秦岭，注入汉江，全部为山区河道，是汉江的主要分支。古时曾称丹江为“粉青江”，因尧帝的长子葬于丹江而改名。丹江通航历史久远，中国最早的地理书籍《禹贡》记载，早在战国时期已经通航。航道上至陕西龙驹寨，下达湖北老河口，顺汉江又可入航长江，是中国古代长江地带通往古都西安的一条重要水路。明、清时期的丹江航运日趋繁荣，鼎盛时仅荆紫关码头每日泊船百余艘，帆樯林立十余里。到了近代，随着铁路、公路等陆路交通的兴起，丹江上游的航道日渐堵塞，仅在丹江口水库通航。

《煎茶记》称丹江为“天下名水”。《陕西通志》卷 8 载，李秀卿排列天下名水 20 种，丹江为第 15 种。《续文献通考》称：大禹曾到商山治水（治理丹江），并得《九畴书》《灵宝五符治水真文》，方取得九州治水之成功。而且佐禹治水有功的契被封于商山，即历史上有名的古商国。翻检《禹贡》得知，丹江始航时间当在春秋战国之前。《唐书》载丹江为唐“贡道”，是丹江航运之鼎盛时期。然丹江自古多险滩，龙驹寨到竹林关，名“流岭峡”或“月日峡”，谷底狭窄，乱山夹峙，奔流若沸，系丹江著名的险段。寨河船工有《没奈何，走寨河》之歌吟传世：

丹凤船帮会馆

没奈何，走寨河，手把舵，腿哆嗦。

四百水路三百滩，龙王争来阎王夺。

没奈何，走寨河，纤锯身，石割脚。

厘局船霸催命鬼，捐税更比石头多。

没奈何，走寨河，眼流泪，口唱歌。

水贼绑票抛深潭，要寻尸首鱼腹剥。

寨河故险，然险境自有历险之情趣，正是弄潮儿大显身手之所，恰是探险旅游之好去处。何况如今有诸多水库，以调节水位，绝无大险之虞。可谓：艰而夷，危而安，有惊无险。

丹江两岸历史悠久，文化灿烂，沿岸发现有 1 亿年前的恐龙蛋化石和 50 万年前的大象门齿化石以及 20 余种古脊椎动物化石，还发现有猿人牙齿化石和 30 余处新石器时代遗址、10 余处古城址、20 余处大型古代墓葬、一些残留古建筑群。历史上比较著名的“秦晋伐鄀”“秦楚丹阳血战”等战役在沿岸发生。春秋五霸之一的楚国早期的都城丹阳，很可能就在丹江沿岸的龙城。丹江后靠商洛险地，前可窥荆、襄一带，东北可下宛、洛，易守难攻，是兵家必争之地。

丹江两岸山清水秀，自然和人文景观诸多，航运历史悠久，明代旅行家、地理学家徐霞客曾漂流了龙驹寨以下丹江全程。1991 年，丹江漂流作为旅游观光新项目得到开发。

在休闲漂流的基础上，又开发了月日滩至竹林关峡谷探险漂流项目，沿途急流险滩，青山对峙，野鸭成群，美景如画。

徐霞客

漂流现分三段，在丹凤县境内有两段：上段自棣花二郎神庙下水，至船帮会馆登岸，全长 15 千米，江阔流舒，古人曾有“森森清江下急流”“帆通汉水潮偏绿”的描述，沿江有岩险东旸、昙花胜地、商山雪霁、四皓古冢、两岭石窟、商鞅封邑等。下段由船帮会馆前徐霞客登舟处入水，至月日滩，全长 7.5 千米约 1 小时半。山狭流急，素有“没奈何，走寨河，手把舵，腿哆嗦”“四百水路三百滩，龙王争来阎王夺”之谣谚。沿江有鸡冠插汉、金鸡锁关、镇江巨石、乌龟白驼、赧王斩山、月日险滩诸景，并遍布各种书体之摩崖题刻。犹有好事者，从这里漂流百里达竹林关。在商南县境内的一段，自湘河镇庙沟至月亮湾，全长 17 千米，水深流急，漩转浪高，惊而无险，饶多情趣。沿江有红鱼口、梳洗楼、月亮湾等。倘未尽兴，可继而漂流到白浪街，观赏三省石景点。游客所乘航具，包括竹筏、皮筏，每筏坐 4～6 人，有训练有素之年轻船工撑篙。

在“高山流水”“小小竹排”等古今乐曲声中起航。登筏漂流，如踏云驾雾，可尽情领略沿途之自然风光及人文景观。细细品尝野山野味以回归大自然，捕捉野情野趣以寄情新体验。不禁放情嗷啸“云驻云飞随尔便，潮起潮落奈我何”“一路缘溪花复水”“森森清江下急流”的观光漂流线，使古今多少游客“明日欲别不忍去”。著名作家姚雪垠为之题词“秦楚雄关，漂流胜景”。商洛作家贾平凹题词“昔日水旱码头，今日漂流胜景”，盛赞“既有北方之粗犷，又有江南之妩媚，是理想的天然消暑度假胜地”。

2007 年 8 月 1 日，丹江湿地经国务院批准列为国家级自然保护区。丹江漂流已投入资金 1 800 多万元，修建上码头仿古接待大楼（多功能一体楼）、下码头假日酒店（二星级宾馆、涉外旅游景点）和龙头山风景区。丹江漂流形成了集自然漂流、探险漂流、餐饮住宿、会议娱乐、观光购物于一体的综合型旅游项目。

第三章　农耕与茶

第一节　农耕

1. 农业演变

陕南地区因其特有的平原、坝子、丘陵、山地等四种地形地貌，又兼有南北过渡、东西交汇的地理特征，因而无论自然环境，还是经济、社会、文化，都具有鲜明的地域特色。追溯陕南农业历史的发展脉络，不难发现，其历史久远，根基深厚。

早在石器时代，先民们已在这一地区从事农业开发，据史料考证，此地区是我国农业起源较早的地区之一，也是华夏文明的发祥地之一。在中国农业的历史发展进程中，陕南凭借独特的地理位置和自然条件，发挥了较为重要的作用。陕南的农业经济开发模式，既代表了北方地区的暖温带旱作农业模式，又代表着南方亚热带稻作农业模式，其农业开发历史过程，曾先后经历先秦、秦汉、魏晋、隋唐、宋元、明清等六个重要时期。

陕南地区农业的起源可追溯至 7 000 年前的石器时代。由于所处的地理位置和自然条件，陕南的农业开发在早期就呈现出稻作农业与旱作农业兼营的特点。秦汉时期，由于陕南地区农业人口的增长、农田水利的兴修，农业生产技术和生产工具得到改进，至东汉以后，陕南地区的水田农业更趋发达，普遍兴修陂池塘库，蓄水灌溉。20 世纪 60 年代至 80 年代，我国的考古工作者在陕南汉中地区的东汉墓葬中连续发现塘库、陂池、

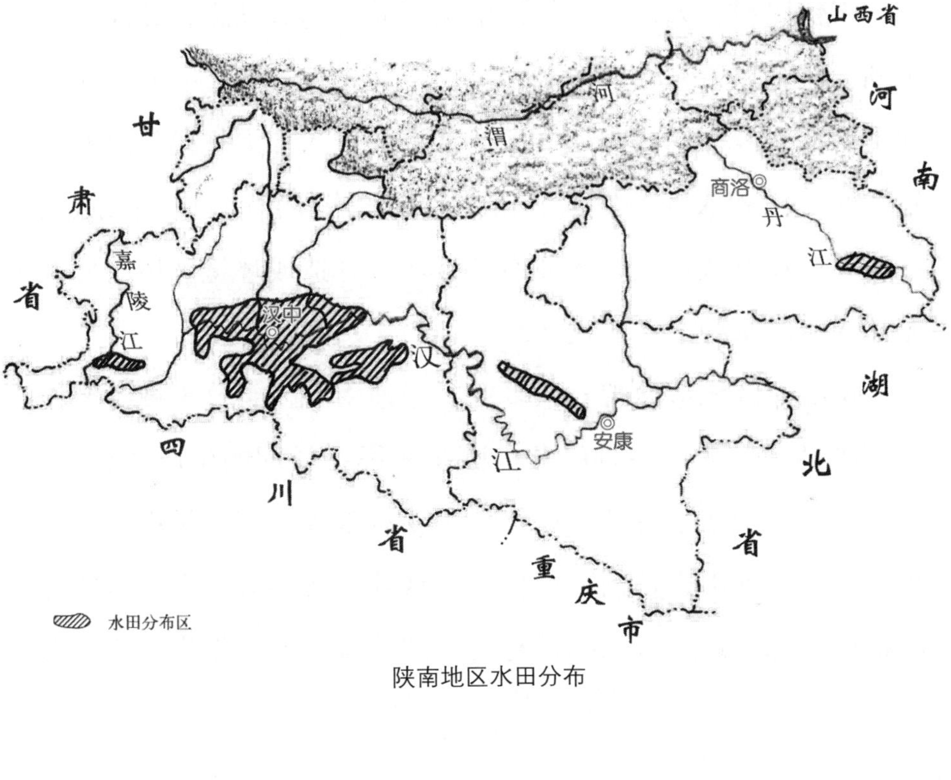

陕南地区水田分布

水田模型，生动地反映出东汉时期汉中地区农田水利的基本概貌。

陕南农业发展并非一帆风顺，其动荡时期在魏晋南北朝。这一时期也是我国历史上最动荡、战乱最频繁的时期，陕南地区农业发展也遭受了战乱的严重影响，其农业开发总体上处于衰退状态。到了隋唐五代时期，战乱得以平息，陕南农业开发继续发展。隋唐五代时期是陕南地区农业开发的重要阶段，稻麦两熟制逐渐成为陕南地区农业耕作的最主要方式；同时，在这一时期，蚕桑业、茶业种植兴起，推动了农业商品化早期萌芽的出现。

宋代以后，人口的增长，带来了充足的劳动力，政府增修水利工程，实行稻麦两熟制，着力发展梯田农业，陕南农业得到了全面发展。明清时期流民、移民的迁入和大规模的农业垦殖加快了陕南农业开发的步伐，但是，农业垦殖过程中原始、落后的耕作方式使生态环境遭到破坏，并造成环境破坏的恶性循环，从而制约了农业发展。

陕南地区地形地貌复杂多变，当地人历来十分重视经济作物的种植和农业的多种经营。商洛人民在长期的生产实践中，因地制宜，栽培着各种农作物，主要有玉米，其次是小麦、水稻、豆类、薯类，辅助种植棉花、烟叶、蔬菜等。无论是播种面积还是总产量，玉米都占有突出的地位；油料作物主要以大豆、菜籽为主，其次是核桃、芝麻、花生。这一地区由于地形和气候的影响，农作物在熟制上，河道和川原地多为一年两熟，丘陵和浅山区多为两年三熟，高寒山区多为一年一熟。商洛市在播种、收获季节上地域性差异很大，呈现出“南早北迟，东早西迟，低早高迟”的规律。商洛市积极推广种植粮油、蔬菜、药材，并实行间作套种，合理利用了光能和地力。商洛市也是我省主要的养猪地区。因商洛市有两个热带量，蜜源植物十分丰富，所以，政府鼓励民间大力发展养蜂业，取得了显著效益。

2. 农作物

汉中市的粮食作物主要有水稻、小麦、玉米（苞谷）、马铃薯（洋芋）、甘薯（红苕）、豆类等。以水稻、小麦和玉米为主，其次是薯类和豆类。谷糜在古代种植较多，近代种植面积已很小，20 世纪 50 年代还有零星种植，20 世纪 60 年代后已无。大麦、高粱、荞麦种植逐渐减少。

汉中的水稻种植历史悠久。在西乡县李家村与何家湾考古发掘的两处新石器时代遗址中，发现有稻谷的痕迹，经碳－14 测定，距今约有 7 500 年的历史。至秦末，刘邦屯兵汉中，萧何修“山河堰”水利工程，水稻生产的发展已有相当大的规模。

洋县等地还产稀有的水稻品种香米、寸米、红米，受到广泛的关注。宁强县西沟里村所产老红谷，亦属香米，为地方名贵特产，据《宁强县志》记述，系明末引入，历 300 年，享誉不衰。

小麦是本区主要粮食作物之一，种植面积和产量仅次于水稻。

玉米是本区第三大粮食作物。玉米，俗称苞谷。清嘉庆十八年（公元 1813 年）《汉南续修郡志》（即《汉中府志》）载：“数十年前，山区秋收以粟谷为大庄，粟利不及苞谷，近日遍山

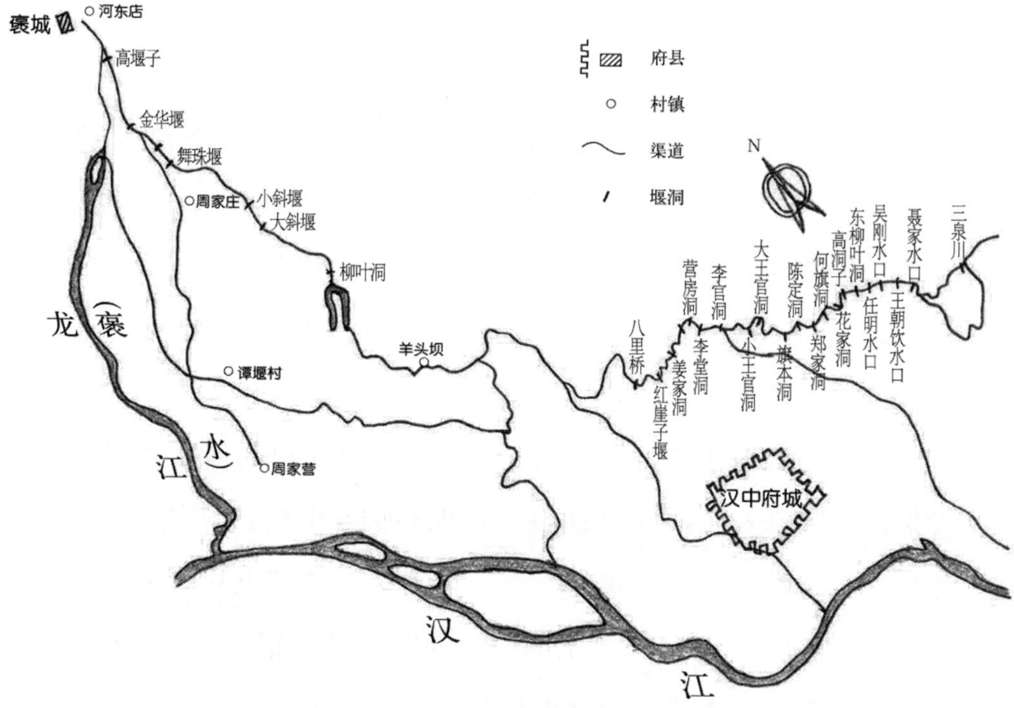

古山河堰走向

漫谷皆苞谷矣”。清乾隆三十五年《南郑县志》载：玉米“全境皆产，深山内较多”。可见玉米约在清乾隆年间大宗引进种植。嘉庆时，玉米已遍及陕南。

本区经济作物主要有油菜、蔬菜、棉花、烟草、花生、芝麻、麻类、药材等。油菜面积最大，经济价值高。如今每年到3月，金灿灿的汉中油菜花海，已成了摄影者的天堂。

新中国成立前，安康地区中高山区以刀耕火种为主，农业耕作粗放。新中国成立后，农业生产条件不断改善，耕作方式由粗到细，科技含量不断增加。

3. 耕作

翻耕，又称耕地、犁地，是使用历史最长和范围最广的土壤耕作方法。1958 年前，全部采用畜力耕犁和人力锄挖锨翻，人力翻耕与开荒同步进行。1950 年全区开荒 4 093 公顷，面积最大。1958—1959 年开展深耕，不少地方深翻 60 厘米以上，事倍功半，得不偿失。1959 年，安康市川道少数乡开始采用机械翻耕，当年机耕面积 287 公顷。1962 年、1963 年两年，石泉、汉阴两县个别乡村也采用机耕。1979 年全区机耕面积最大，达 16 927 公顷。20 世纪 80 年代机耕面积常年在 6 667 公顷左右，占耕地总面积的 2%～4%，其余仍以人、畜翻耕为主。

耙耕，即耙地。集中在川道、丘陵低山的旱平地和水田。以人工打砸和畜耙为主，耙碎土块，疏松表土，平整地面，搅混肥料。1970年前后在水田开始用旋耕机耙地，面积不大。

中耕，即给生长过程中的作物锄草或松土、培土，以除掉杂草，保墒抗旱，刺激根系发育，促进作物生长。中耕以手锄为主。

冬闲地。新中国成立初较多，集中在肥力较差的中高山区。后随着农业生产的发展和复种指数提高，面积逐年减少。中高山区对这类地一般只进行一次翻耕，丘陵川道区在秋冬和翌年春各进行一次深耕和浅耕。翻耕时间越早越好，以利蓄水保墒，炕坯熟化土壤，有“冬天划破皮，胜过春天犁满犁”“隔冬划道印，好比来年上道粪”的农谚。

夏闲地。多数地方只进行一次翻耕，少数地方在秋播时再浅耕或耙耱一次。

夏播回茬地。耕种方法有两种，一种是“硬茬播种”，即直接在茬地播种，苗出齐后结合锄草、追肥再中耕；另一种是“软茬播种”，即夏季作物收获后，经翻耕耙耱后再播种。

秋播回茬地。只有中高山区的少数地方在前茬作物即将成熟时，把秋播作物套种在前茬地里。

水田有冬闲田和回茬田之分。冬闲田有泡冬田、冬水田和冬干田三种。泡冬田的水排不干，一般在水稻收获后即翻耕；冬水田是在水稻收获后，先干犁干耙，后蓄水过冬；冬干田是在水稻收获后排干水，干耕冬炕。冬闲田都于翌年春施肥、灌水、耕耙后插秧。

回茬田。夏田作物收获后插水稻，水稻收获后种小麦或栽油菜。夏田作物随收随耕随插秧。水稻即将收获前开好腰沟和边沟，排水晒田，收获后耕犁秋播。

新中国成立后，实施一系列耕制改革，主要措施如下：

夏秋并重。安康地区夏粮比重很小。后因人口增加和人粮矛盾突出，提高夏熟作物比重势在必行。扩大以小麦为主的夏粮作物面积，出现与秋粮争地争肥争时的矛盾，只能在部分区域和不同作物上部分扩大。20 世纪 70 年代间作套种技术的出现和发展，为实现夏秋粮并重闯出了新路子。80 年代推广玉米育苗移栽和水稻两段育秧等一系列抗灾高产技术，基本解决了夏秋两季作物争地争时的矛盾，从而使夏熟作物的面积和产量占全年粮食作物的比例，分别从 1949 年的 20.08% 和 19.87% 提高到 1989 年的 35.55% 和 33.42%。

增种“三早”作物。1962 年，安康地区针对秋粮作物易受伏旱和秋涝，早茬作物又比中晚茬稳收的特点，提出种植“三早”作物（早玉米、早水稻、早红苕），当年种植面积分别占三项作物种植面积的50.7%、11.4%和25%。20世纪70年代后，推广间作套种技术，“三早”作物面积进一步扩大，1970年“三早”作物面积分别占三项作物当年种植面积的71.4%、14.9%和16.2%，1980年分别占80.05%、22.1%和32.1%。同时推广应用良种、化肥和其他抗灾高产栽培技术，三项作物单产分别从1962年的49.5公斤、190公斤、96.5公斤提高到1980年的97.6公斤、257.7公斤、124.1公斤，分别增长97.1%、35.6%和28.6%。

间作套种。为充分利用光热水土条件，实现增产增收，安康地区1971年开始试验推广间作套种耕作技术，后来发展很快。间套类型发展到十多种，间套作物由两种发展到五种，全区间作套种面积历年都在6.67万公顷以上。

轮作倒茬。20世纪50年代初期，以水稻一熟制为主，水稻→油菜、豌豆或小麦的两熟制，仅占水田面积的30%～40%。50年代末期以来，除泡冬田和“望雨田”仍为一熟制外，普遍逐步发展为水稻→小麦或油菜的两熟制。

低山丘陵区在20世纪50年代前以秋粮为主，轮作方式主要有早红苕→冬闲、小麦→玉米、小麦→红苕、油菜→玉米、小麦→芝麻或棉花、豆类等。20世纪60年代抓“三早”作物，轮作方式有早玉米→冬闲、早红苕→冬闲、小麦→玉米或红苕、洋芋→玉米等。20 世纪 70 年代推广间作套种，冬闲地减少，轮作方式主要有小麦→玉米或红苕、洋芋→玉米或红苕，间作套种方式有小麦＋玉米＋豆类、洋芋＋玉米或豆类、小麦＋玉米＋红苕等。20 世纪 80 年代逐渐形成以一年两熟复种和间套两熟制为主的耕作制。中高山区在 20 世纪 60 年代以前，多为一年一熟制，夏粮以洋芋为主，秋粮以玉米为主，连种二至三年撂荒，或隔年撂荒；20 世纪 70 年代后以混种或间作套种提高熟制，辅以撂荒种植；20 世纪 80 年代向规范化的间作套种两熟制发展。

4. 水果

陕南水果生产历史悠久。据《史记・货殖列传》载，秦、汉时期，“蜀、汉、江陵千树橘……”柑橘已大面积种植。西汉至唐、宋时期民间已经成片种植果树，宋代柑橘已有发展，苏辙有记述洋县“金橙纵覆里人知”的诗句。宋代洋州知州蔡交《洋州》诗也有“获橘趁狨狙……”是说橙橘熟时，多狨猿所耗，“居人日夜驱之……”清代诗人王士禛（渔洋山人）有“平芜蹀躞连钱马，近郭参差橘柚林”的诗句。康熙时汉中知府滕天绶撰《劝民栽桑示》载：“隙地、墙边、田旁、沟畔，如桃、李、柑、柿、核桃各种若能栽种，俱可易钱，资助尔等，务宜

柑橘

加意栽桑，余力植果”；并规定：植果“亦如栽桑同等奖励，决不泛视，栽植果木亦如之。事关民生之计，上下都须实心奉行，……再有一言并相劝，多栽果木遍村庄。果熟上门人贩卖，闲钱到手不空忙。靠他帮补家中用，有他也可度年荒。若能空处都栽果，树成就过好时光。要知共享田园乐，记取歌词细酌量”。从这些记载中可看出当时官府对栽果的重视和宣传力度。

嘉庆年间所编《汉南续修郡志》记载有近30种水果种植。以柑橘为主，其次是柿、梨、苹果、桃、猕猴桃、葡萄、樱桃、李、杏等。明朝末年，湖北移民将朱红橘引入城固县升仙村栽种，以后逐步推广，在较长时期内成为本区主栽品种。20世纪60年代初开始以朱红橘为母本，以皱皮橘为父本，天然杂交变异育成冰糖橘，具有抗寒性强、果形整齐、色泽鲜艳、早熟、皮薄、多汁、化渣、酸甜适宜、肉质脆嫩等优良品质，已成为本区柑橘优良品种之一。

5. 养蚕业

据史料记载，早在战国时期，关中一带的桑蚕技术便传到汉水流域。《唐书·地理志》载“丝，兴元府贡”。南宋诗人陆游从军南郑时写的诗中有“平原沃野望不尽，麦垄青青桑郁郁”句，说明唐宋时期汉中桑蚕业已具规模。明代农、桑并提。明、清汉中府志、县志有“重农桑以足衣食”的记载。只是在明末、清初因战乱、天灾，汉中的桑蚕业一度衰落。清康熙时汉中知府滕天绶所写《劝民栽桑示》中言：“汉南遭寇，又遇荒年……元气久衰……粟贱金贵，民不聊生。本府钦奉上谕十六条第四条曰‘重农桑’。夫农事固不可缓，而栽桑亦万不容缓者也，如能栽桑饲蚕，或卖丝或织绢，一年正赋可以取足有余……尔等务宜加意栽桑……若民有栽桑百株者，州县以勤民注册优待。栽二百株者，花红鼓乐迎送。三四百株者，州县给以牌额。五百株者，州县据实申报，本府亲给牌匾，鼓乐花红奖赏。自兹凡有栽桑者，州县每岁造册报府；查桑之多寡，即为有司申请奖饬，决不泛视。上下都须实心奉行，毋忽。”滕天绶还编有通俗易懂的《劝民栽桑歌》歌词，遍示境内，大力提倡栽桑养蚕。经康熙至嘉庆历任府、县官员的重视、劝导，加之官府行政干预，汉中的桑蚕业重焕生机。雍正时期的《陕西通志》载：汉中“四境多桑，蟓（即蚕）即丰”。乾隆至光绪年间，汉中的桑蚕业达到历史上的鼎盛时期。这一时期的汉中府志、县志都有记载。道光十一年（公元 1831 年）宁羌知州张廷槐在《栈道栽桑记》中细说由青羊驿至蜀境七盘关延绵 200 里栽桑“郁郁葱葱，翠云盘绕”的景象及缫丝织绢“利益倍增”的山区情况，平川的南郑、城固、洋县、西乡等县也盛况空前。光绪时的《南郑县乡土志》载：南郑“农桑之为业，甲于全郡”“茧丝陆路运销往四川重庆、保宁”；城固、洋县桑树最多，制绢业者达 50 余家，畅销甘肃、青海、新疆等省，洋县“马畅绢”久负盛名。各县新编县志也都记载了清代桑蚕业发展情况。只是到清末民初，因鸦片烟挤占桑园，不知推广新技术，加之战乱频繁，汉中桑蚕

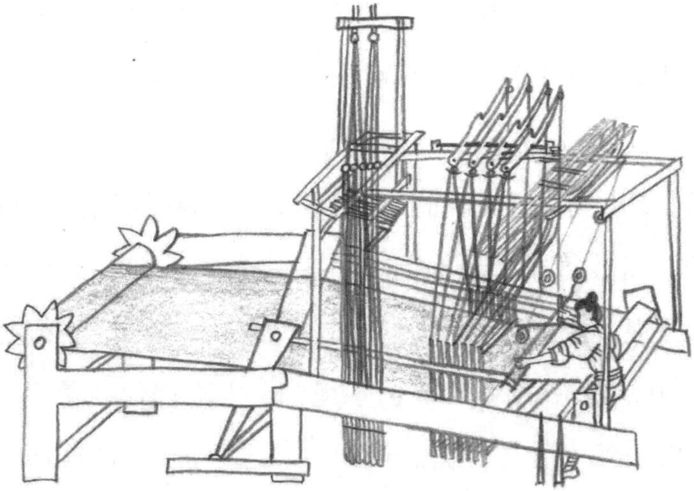

古代提花织机

业再度衰落。尽管地方当局通过开办专业学校培养人才，推广新法栽桑、养蚕、缫丝，收到一定效果，如南郑一地每年输往甘肃、四川的丝价值白银22万两，但终因军阀混战，土匪抢掠，税捐苛繁，汉中桑蚕业还是一蹶不振。据1949年统计，全区桑园面积仅26.7公顷，蚕茧产量9.7吨。

新中国成立后，到1966年桑园面积增加到3 566.7公顷，蚕茧产量达320吨。1966年，汉中地委、行署批准成立汉中地区蚕桑技术指导站。20世纪60—70年代，片面强调粮食生产，忽视桑蚕等多种经营，大部分桑树被砍伐，桑园遭受严重破坏。到1978年，全区仅存桑园333公顷。1980年后，汉中地委、行署做出加快发展蚕桑、茶叶、柑橘生产的决定，蚕桑生产得到迅速恢复和发展。到1995年，桑园面积增加到6 806公顷，蚕茧产量达2 201吨，均为新中国成立以后最高水平。1994年全区3.26万户农民栽桑养蚕，户均蚕茧收入达1 173元。集中产区蚕桑已成为当地支柱产业和脱贫致富的重要门路。

陕南柞树资源丰富。清《宁羌州志》载："天生野蚕，质钜而色黄，出茧后生翅大如蝙蝠。吐丝可供织纴。"清康熙年间，宁羌知州刘棨由山东引进柞蚕抽丝作绸，人称"刘公绸"。新中国成立前，本区柞蚕生产大体经历了"三度兴衰"。1932—1936年，省林署李近楠携南阳柞蚕卵沿汉江选坡设点，组织培训，讲授放养技术，曾在西乡的苦竹坝、马踪滩、三郎铺、十二岭、老渔坝等地放养，柞蚕大兴，仅西乡一县年产柞蚕茧达千担，运往湖北老河口转南阳缫丝后远销南洋；1944—1949年，又在西乡、宁强再度用柞叶养蚕。新中国成立后，1953年从商洛专区丹凤县引种放养，推广全区。城固、西乡、宁强、镇巴、略阳、南郑、洋县、勉县先后成立柞蚕制种场（后改为蚕技站或蚕茶果站），1966—1969年再度大发展，1979—1984年又有发展。全区柞蚕茧产量曾有20年超过桑蚕茧，1959年产柞蚕茧63.8吨，桑蚕茧为53.4吨，1967年柞蚕茧产量达到628.9吨，而桑蚕茧只有105.1吨，以后逐渐衰退。进入80年代后，随着柞树资源的多种利用，天麻、木耳、香菇的大量种植，薪炭需求的猛增，柞树林大量砍伐，加之1984年后柞蚕丝绸外贸滞销，柞蚕茧价格下降，蚕农无利可得，到1985年，柞蚕在本区基本绝迹。

蚕茧

6. 中草药

中草药学是中国传统文化的瑰宝，是

中国文化长期积淀下来的精华。李世全在《秦岭巴山药物志》中提及，中草药极为讲究药材的产地和品质，而陕南中草药不乏“名门之后”，大多出身显赫，从最早的《神农本草经》到唐代的《唐本草》《本草拾遗》，再到宋代的《开宝本草》《大观经史证类备急本草》，再到著名的《本草纲目》等，历代本草学著作中对陕南中草药都有所记载。

自古以来，秦岭山区以盛产中药材闻名遐迩。陕南是我国亚热带向暖温带、东部湿润平原向青藏高原过渡地带，是长江和黄河两大水系的分水岭和我国自然地理南北分界线。区内气候多样，地形、地貌复杂，土壤类型丰富，为各种生物种类的生长繁衍提供了优越的自然条件。关中平原海拔 500 米左右，秦岭主梁高度在 2 500 米以上，它不仅是我国南北地理气候的分界线，也是我国南北动植物的交汇带。接近 2 000 米的相对高差，使秦岭具备亚热带、暖温带、温带、寒温带、寒带等多种气候类型，也使秦岭的植物分布呈现明显的垂直谱带。高大广阔的山体，差异显著的岩石、土壤类型，形成复杂多样的动植物生存环境，使秦岭地区成为生物多样性特征最为显著的地区之一。秦巴山区有生物资源 4 000 余种，其中药用生物资源 3 000 余种，是全球陆生生物多样性最丰富的地区之一，素有“生物基因库、天然药物库”之美誉。

陕南得天独厚的环境为中药材种植提供了优质的自然条件，同时政府规划及政策引导给予了陕南中药产业良好的发展前景。陕南是国家优质中药材主产区之一，其中国家挂牌收购的中药材有600余种，常年收购量占陕西全省的70%以上。长期的中药材种植使陕南形成了一批享誉国内外的优质品牌，如丹参、黄姜、盾叶薯蓣、绞股蓝、山茱萸、杜仲、天麻、葛根、凤党、八仙党、西洋参、桔梗、附子、元胡、猪苓、连翘等30多种中药材的种植面积、产量、品质在国内占有重要位置，部分品种在全国处于领先地位。

陕南各县均有中药材种植，中药材收入已成为地方财政和山区农民收入的主要来源之一。特别是贫困落后的山区县，农民收入的三分之一，甚至一半以上依靠中药材收入；中药材在区域经济发展、农民脱贫致富等方面发挥了重要作用。

秦岭出产的中草药，有24种属国家管理的二类药材，占国管药材的80%，如党参、生地、山茱萸、黄芪、贝母、茯苓、天麻等都是大宗药品，不仅产量大，而且品质优，是药材商们最心仪的地道药材。凤县所产的党参，具有狮子头、菊花心、粗皮、横纹等特点，被称为“凤党”或“菊心凤党”，量大质佳，在国内外市场上享有很高的声誉。山区所产的北五味子个大肉厚味浓，有安神强体之功效，也是陕西省的大宗出口药材，仅商洛一个市年收购量就在百万斤以上。中低山区出产的九节菖蒲，以产量大、质量佳闻名，使这里成为全国菖蒲的重点产区和出口基地。总体而言，秦岭由东至西都出产中药材，产量大的是东部的商洛市和西部的宝鸡市。从海拔 800 米低山到 3 000 米以上的山梁绝顶都有药材，但大宗产品全在海拔 2 000 米以下，名贵珍稀的小品种草药多生长在高海拔地区。

党参

传统中医是我国古代唯一的诊疗手段，所以对中药材的需求量很大，而在古代，人工种植的中草药非常少，主要依靠药农进山采集野生药材来配药，因为这条渠道，所以中草药就和山区紧密地联系了起来。在陕南经常将采药人称之为“药客”，事实上，如今继续从事野生药材采集的，也只有经济条件差的山区农民了。

从春末到秋初，在陕南大山的深处，都隐约闪现药农的身影。他们衣着破旧，身背尼龙编织袋，手拎短锄，左顾右盼，步态缓慢，平静而又从容。他们多是一人独行或三两结伴而行，因为那些珍贵的草药苗木不会在大道旁扎根，也就注定了野生的草药多是长在人迹罕至的地方。

在采药人的口中有句“韩康卖药不二价”的俗语，相传，东汉有一个叫韩康的隐士，这个人避官不做，长年在终南山采药，在长安城行医卖药。这人卖药材有个特点，不准讨价还价，如此一来，全长安都知道有位名医叫韩康。这句俗语就此流传了下来。也说明在当时药品作为一种特殊商品，由卖方定价，确实没有讨价还价的余地。

7. 现代农业

如今的陕南正在现代农业园区建设的道路上开拓创新，积极培育和发展国家级一村一品示范村镇，这是引领和推动农业主导产业发展的重要途径之一。2015年，汉中市新增城固县橘园镇、勉县漆树坝村这两个全国一村一品示范村镇，这些示范村的建设涉及汉中市柑橘、茶叶、蔬菜三大农业主导产业。

汉中西乡的蚕桑特色产业也在稳步发展。俗话说，“栽桑养蚕，一树桑叶一树钱”“男采桑，女养蚕，三十天内见现钱”。进入新世纪以来，汉中的西乡县以蚕桑“强村大户”工程为契机，高度重视蚕桑产业的发展，养蚕户在生产结构上积极调整优化，对桑枝、桑叶、蚕沙等进行集群开发，形成了“桑园—蔬菜”“桑园—中草药”“桑—禽—蛋”“桑叶—畜—沼气”和桑基鱼塘等复合经营的模式，拓宽蚕桑产业增收途径，实现生态效益和经济效益的双赢。

商洛在积极建设秦岭生态农业示范市，提出依托重点项目推进农业园区建设，以农业企业为龙头引领产业发展。2015年荣获“全国美丽宜居村庄示范村”的朱家湾，便是生态商洛建设的一个缩影。“十二五”以来，商洛市全面推进“美丽商洛”和“大秦岭国家中央公园核心区”建设，全市森林覆盖率达到66.6%，较2010年提高了4.3个百分点，陕南山地森林化成果率先显现，涵养了“一江清水”，呵护了“最美蓝天”，空气质量五年稳居全省第一，“商洛蓝”成为2015年网络热词。

第二节　茶

1. 产茶胜地

唐朝陆羽的《茶经》中记载：“茶树，金州（今安康）生西城、安康二县山谷，梁州（今汉中）生褒城、金牛（今宁强）二县山谷。”陕南在唐代时已有茶的种植。陕南茶树地方品种主要有储叶齐、高桥早、大脚板、大柳叶、大叶乌龙、紫阳种等，分布在汉中、镇巴等地。老茶区有七大群体、30多个群体品种。

在全国属茶树生长北界，因春季气温偏低，茶树芽叶生长缓慢，有利于有效物质积累，因而汉中茶叶有叶肉肥厚、条索紧凑、香味浓醇、耐冲泡等特色，有效物质含量之高居于全国前列，为西北各族人民所乐饮。茶树喜润耐阴，在阴湿环境，芽叶持嫩时间长，所含茶素和芳香物质增多，制成的茶叶香气高、品质好，故有“高山云雾出好茶”之说。汉中以巴山海拔600～800米区域茶树生长最佳，茶叶品质好。处于这一区域的南郑、西乡、镇巴、城固四县茶叶产量占全区总产量的95.6%。茶叶加工自古用“手揉、脚蹬、太阳晒”的传统方法，20世纪80年代初制茶半机械化。茶叶品种也由过去单一生产晒青茶逐步发展成多茶类、多品种，有传统晒青茶，也有炒青茶、花茶、珠茶、富硒茶、杜仲茶等。

陕南作为中国茶区中纬度最高的江北茶区，茶树自然品质形成好。95%以上的茶园分布在汉中市的西乡县、勉县等，以及商洛市的镇安县、商南县、山阳县，还有安康市的紫阳县、平利县、岚皋县、汉阴县等地。地理学家考察得出，这些地区土壤有机物含量高，土壤富含硒，尤其是紫阳（紫阳是我国第二富硒区）。茶种以紫阳群体品种（属灌木、小叶种）为主，富含氨基酸，产茶季节温度适中，不易发酵，因而形成了在中华茶叶家族中独具特色的陕南绿茶。

汉中茶山

无论是紫阳毛尖、银针、翠峰、紫阳炒青、韵味绿茶系列、女娲银峰、女娲毛尖，还是西乡午子仙毫、商南泉茗、象圆茶等都属于绿茶，由于地处陕西南部，所以称“陕南绿茶”。其中数汉中仙毫名气最大，汉中仙毫是“午子仙毫”“定军茗眉”“宁强雀舌”三个品牌的总称。

午子仙毫茶是绿茶的一种，出产于素有“中国著名茶乡”之称的陕西省汉中市西乡县。创制于1984年，是陕西省名牌产品。其状似兰花，色泽翠绿，叶底芽匀嫩成朵。

定军茗眉是陕西汉中名茶之一，主产区为汉中以西的山区。以其“外形匀齐显毫，细秀如眉，色泽嫩绿，嫩香持久，滋味鲜醇，汤色黄绿明亮，叶底嫩绿，芽叶完整”而著称，曾多次获奖。其富含茶多酚、氨基酸、维生素、咖啡因、微量元素等物质，是品饮、养生的上品。

宁强雀舌是由陕西宁强研制出的扁形名茶。其外形微扁挺秀，色泽翠绿，银毫披露，形似雀舌，汤色绿亮，香气高长馥郁，滋味醇爽甘甜，叶底嫩绿成朵，因其外形和产地而得名，被人们称之为“宁强雀舌”。

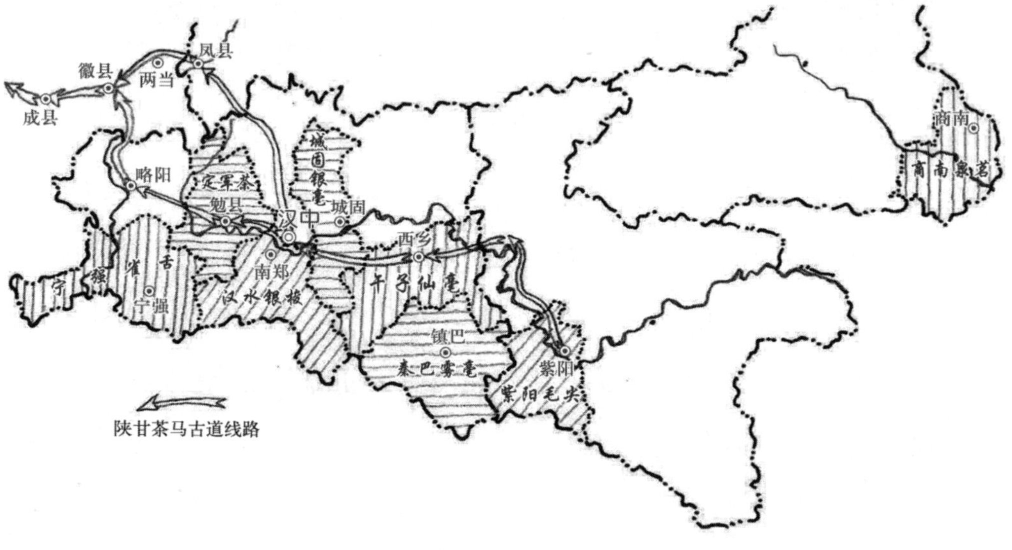

陕南名茶分布和陕甘茶马古道

陕南主要名茶一览表

名称	产地	茶类	属性	形态	品质特点
秦巴雾毫	镇巴县	绿茶	烘炒	扁形	条扁壮实显毫,色泽油润,香气浓郁持久,汤色清澈明亮,滋味醇和回甘,叶底成朵
午子仙毫	西乡县	绿茶	烘炒	如兰花	朵形微扁,翠绿显毫,栗香持久,滋味醇和,茶汤黄绿,叶底完整嫩绿
汉水银梭	南郑县	绿茶	烘炒	扁形	扁形似梭,翠绿披毫,嫩香持久,汤色清澈明亮,滋味鲜醇回甘,叶底柔嫩,芽头肥壮,黄绿匀亮
定军茗眉	勉县	绿茶	烘炒	眉形	匀齐显毫,细秀如眉,色泽嫩绿,嫩香持久,滋味醇爽,汤色黄绿明亮,叶底嫩绿,芽叶完整
宁强雀舌	宁强县	绿茶	烘炒	似雀舌	形如雀舌,香气清高,滋味醇厚,汤色嫩绿明亮,叶底嫩匀
城固银毫	城固县	绿茶	烘炒	曲条	细嫩多毫,色泽绿润,香气清高,滋味醇爽,汤色叶底黄绿明亮
紫阳毛尖	紫阳县	绿茶	烘炒	扁形	芽叶嫩匀,色泽翠绿,白毫显露,栗香浓郁,条索圆直紧细,汤色嫩绿清亮,滋味鲜爽回甘,叶底嫩匀成朵
女娲银峰	平利县	绿茶	烘炒	针形	外形圆直似针,嫩绿显毫,香气嫩香持久,汤色清澈明亮,滋味鲜爽醇和,叶底嫩绿匀齐
商南泉茗	商南县	绿茶	烘炒	扁形	细嫩显毫,有嫩栗香,滋味鲜醇,叶底黄绿明亮

2. 历史追溯

《茶经》有言:“茶之为饮,发乎神农氏。”在中国的文化发展史上,往往是把一切与农业、与植物相关的事物起源最终都归结于神农氏。而中国饮茶起源于神农的说法也因民间传说而衍生出不同的观点。传说，神农在野外以釜锅煮水时，刚好有几片叶子飘进锅中，煮好的水，其色微黄，喝入口中生津止渴、提神醒脑，神农以过去尝百草的经验，判断它是一种药，这是有关中国饮茶起源最普遍的说法。还有的说法是，神农有个水晶肚子，由外观可得见食物在胃肠中蠕动的情形，当他尝茶时，发现茶在肚内到处流动，查来查去，把肠胃洗涤得干干净净，因此神农称这种植物为“查”，再转成“茶”字，而成为茶的起源。这些民间传说都为我们探究饮茶习俗的来源增添了乐趣。

据史料记载，四川雅安一带最早开始饮茶、种茶，并出现了早期的茶叶贸易场所。陕南的汉中、安康，在地理区域上也被涵盖在古巴蜀的范围之内，因此，我们推测这块古老的土地亦是中国茶文化的文明发源地之一。

“自秦人取蜀而后，始有茗饮之事”。战争促进了茶的传播，当代著名茶史专家陈椽先生指出，“茶树移出四川后，首先向北迁移。陕西作为当时西周的政治中心，物产不及四川丰饶，必须开辟川陕交通路线，以便交流物产。因此，川陕大道自古就有‘栈道’之称。茶树随交通的方便而移入陕西。秦岭山脉为屏障，抵御寒流，故陕南气候温和，茶树就在南部生根”。

汉代的巴蜀名人司马相如等人，促进了巴蜀茶文化向中原

古巴蜀茶山

地区的传播。据陆羽《茶经》记载："茶之为饮，发乎神农氏，闻于鲁周公，齐有晏婴，汉扬雄、司马相如，吴有韦曜，晋有刘琨、张载、远祖纳、谢安、左思之徒，皆饮焉。"到了隋唐五代时期，陕南茶区成为全国纬度最高、最重要的茶区之一。陆羽在《茶经·茶之出》记载，山南"金州、梁州又下"（原注：金州生西城、安康二县山谷，梁州生褒城、金牛二县山谷）。陆羽将唐代汉水中上游的茶区划入"山南茶区"，而山南茶区的茶叶是当时上贡朝廷的主要地方特产之一，可见其珍贵。

宋明时期陕南茶文化的发展与繁荣得益于茶马贸易的发达。从唐代开始的茶马贸易，使陕南成为西北茶叶消费地与西南茶叶生产地之间重要的经济枢纽，因而促进了这一时期陕南茶文化的发展繁荣。当时的朝廷也在茶马贸易中获得了巨额的经济利益，茶叶的生产和销售一时间成为陕南重要的经济文化活动，据史料《续资治通鉴长编》卷 297《元丰三年三月》中记载，“洋州西乡县茶，旧与熙河、秦凤路蕃汉为市，而商人私贩，南入巴达州，东北入金州、永兴军、凤翔府”。

陕南的茶产业和茶文化的后续发展在元朝有所滞后，原因可能与蒙古贵族对茶的嗜好不大有关系。明朝时期，陕南的茶文化再次得以复兴，据史料考证，明朝茶马贸易的茶源主要来自陕南和汉中。据《明史·食货志》记载，“洪武四年户部言，陕西汉中、金州、石泉、汉阴、平利、西乡诸县，茶园四十五顷，茶八十六万余株”。

陕南茶的发展在清朝走向衰落，这与茶马贸易的衰落与清朝不断扩大茶叶来源都有关系。光绪三十二年的《汉江流域贸易表》记载：“茶叶为中国之美利，向闻陕西产茶只紫阳一县，今至白河，始知本地亦复产茶，且性甘而温，不似紫阳之寒苦，入市稍迟，谷雨以后始有卖者，土人谓之家园茶，但年出不过千数百斤，又制法不精，色香稍次，然味美与南茶无以异也。”又据清朝《西乡县志》记载，“汉中之茶产于西乡”，“其民昼夜制茶不休，男废耕，女废织”，“然税重多扰，民不聊生，利不胜害也”。清朝《宁强县志》亦云：“拔茶只因桑无税，户外催

茶马古道小镇

课人不扰。”清代朝廷给种茶人沉重的茶叶税，无不加速了清代陕南茶业的衰败之路。

3. 陕南茶文化

陕南茶文化是一道亮丽的风景线，沿途有陕南的传统茶歌、诗词散文、故事传说等。

陕南的紫阳茶曾给众多文人留下深刻记忆，清初文人谢申曾写过《过紫阳县》：

两岸岩花滩路还，遥看城郭起江湾。
西来汉水吞巴山，南入秦山接楚山。
合补《茶经》鹦鹉绿，须添砚谱鸕鸪斑。
只缘津吏询乡国，暂系扁舟缓度关。

陕南地区的茶俗也极具陕南地方特色，从日常对话中我们便可窥知一二，如待客不周便说“怠慢了客人，没有好茶饭”，夸女子能干便说“茶饭做得好”，相思成疾、胃口不佳便说“茶饭不思”，为某女子提亲夸赞女子则说“针线茶饭样样能行”。

陕南人嗜好饮茶，清早起床后一杯清茶的生活习惯雷打不动，故民间流传一种说法是“清早茶杯，金榜中高魁”。尤其秦巴山区的“罐罐茶”，更为人们所津津乐道。

被誉为中国茶文化活化石的“罐罐茶”是陕南地区特有，因其是在专用的陶瓷罐中制作得来，同时又因其用料不同、熬制方法各异，大致可分为“糊油茶”“油炒茶”和“蒸油茶”三种。

“糊油茶”是秦巴山区人民普遍爱喝的一种。其制法是将茶叶水装在一个约 21 厘米高、10 厘米直径、肚大两端小的陶罐内，放入各种调料后，再将炒熟的白面或苞米面搅成糊状倒进去，等烧煮后倒入碗中，拌以炒花生仁或炒核桃仁或“油馓子”“油酥面”等食品，寒冷的冬季，喝上一碗热乎乎的糊油茶，一整天都是暖和的。

另一种“油炒茶”则是宁强、略阳和南郑部分山区人所喜爱的独特食品。煮起来也用陶瓷罐，但这种罐小，高约 6 厘米多，直径也只有约 3 厘米多。喝茶用盅子，每次只能喝 1～3 盅，待客亦是不宜多喝。其制法简单，但十分讲究炒茶时候对火候的把握。

“蒸油茶”多在春、冬季节服用。其做法是先将上好的猪板油切碎成颗粒状，再和桂圆肉、枸杞、大枣、核桃仁、冰糖等装入碗内，放在锅里蒸至板油融化为止。服用时，一次舀一两勺放于罐内，倒入茶水，放在火中煮沸即可。这种“蒸油茶”味甜醇香，益脾润肺，滋阴补阳，属上等补品。但费用较高，过去只有少数富裕人家享用，穷苦人则不敢奢望，现在也飞入寻常百姓家了。

除了“罐罐茶”之外，陕南还有“戏园茶”“地头茶”“僧道茶”“施茶”“药茶”等。陕南地区人们嗜茶成癖，无论男女，一年四季常饮，当地有“宁可三日无盐，不可一日无茶”之说。待客以茶为先，“客来敬茶”是习以为常的礼节。

4. 茶马贸易

就在我国的西南茶马古道一度被媒体作为焦点炒得沸沸扬扬的时候，很多人不知道，其实中国茶马古道的主要分布地不在大西南的云贵川，而在大西北的陕甘青新。

《全宋诗》卷 989 记载了北宋诗人黄庭坚的《叔父给事挽词》，诗中云：“陇上千山汉节回，扫除民蝛不为灾。蜀茶总入诸蕃市，胡马常从万里来。”这首诗中的“陇上”即陇山，在陕西境内，此处代指陕西。这首悼亡诗描写了当时“蜀茶”北运、“胡马”西来的情景。

明戏剧作家汤显祖在他的《汤显祖诗文集》第20卷的《茶马》诗中写道：“秦晋有茶贾，楚蜀多茶旗。金城洮河间，行引正参差。绣衣来汉中，烘作相追随。以篦计分率，半分军国资。番马直三十，酬篦二十余。”这里的“秦晋”是指陕西和山西，“楚蜀”则是指湖南与四川。“篦”是当时茶叶的计量单位，获得“引”的商人有在茶区收购茶叶的权利，但“半分军国资”，是指有一半要交给茶马司，用于茶马交易。明代茶马互市，经营茶叶的多是秦商和晋商，用于茶马交易的茶叶除陕西汉中茶外，大宗是来自湖南的“黑茶”和四川的“蜀茶”。

宋代，茶叶生产遍及秦岭以南各地。设有西县（今勉县）、城固二茶场。洋州（今洋县、西乡县、镇巴县等地）、金州“人户以种茶为生”，“夫茶之为民用，等于米盐，不可一日以无”。朝廷曾在汉中及凤州设立茶马司，以陕、川茶与甘肃易马，时称“茶马贸易”。

北宋熙宁七年（公元 1074 年），在川陕地榷茶（专卖），实行茶马法。榷茶的目的在于低价收买民茶，高价出售，以茶易马，既增加了国家财政收入，又解决了必需的战马，是维护宋王朝政治、军事、经济利益的重大决策，但严重地损伤了茶农的利益。元符三年（公元 1100 年）五月十一日，利州路兴元府南郑县丞李新冒死写下了《上皇帝万言书》（傅筑夫《中国封建社会经济史》第三卷），书中写道：茶农“摘山以为茶，民之朝暮不可缺也”，“民赖以衣食，得之则生，失之则死”。宋时，种茶户专置户籍，称“园户”。

明代，汉中、四川是茶叶易马的全国茶马贸易中心，褒城建立了全国最早的茶场（《明会典》）。《明史》所载之《茶法》约 4 500 余字，其中 90% 以上文字记载汉中及四川茶史实。明太祖洪武四年（公元 1371 年），户部言：“陕西汉中、金州、石泉、汉阴、平利、西乡诸县，茶园四十五顷，茶八十六万余株……，且定令每十株官取其一，无主茶园，令军士薅采，十取其八，以易番马。”朱元璋为巩固边防，特别重视茶马之事，“用茶易马，固番人心，且以强中国，尝谓户部尚书郁新，‘用汉中茶三百万斤，可得马三万匹’。四川松、茂茶如之，贩鬻之禁，不可不严”（《明史·食货·茶法》)。当时“以茶易马，惟汉中、保宁”，“以汉茶为主，湖茶佐之”，“如汉引不足，则补以湖引”。汉中茶易马的史实说明，当时陕南的茶叶生产规模已十分可观，而最高纪录出现在陕西震灾（公元 1557 年）之前，“正额茶易马外，多开中以佐公家，有至五百万斤者”。

紫阳茶以独立的茶种闻名于世是清朝以后的事。据考，清代中叶紫阳茶区各县茶叶总产量曾达 1 500 吨。康熙《紫阳县志·物产》载：“至清代，陕南惟紫阳茶有名。”紫阳毛尖是公认的全国十大名茶之一。在清代以及后来的民国时期，陕西紫阳茶成为茶马交易主打产品，当时陕西茶马古道的起点和边茶集散地就在安康和汉中。

第四章　衣食住行

第一节　衣

清代著名大儒王士禛在其《陇蜀余闻》中记载：“汉中风俗尚白，男子妇女皆以白布缠头，或用黄绢，而加白帕其上。昔人谓为诸葛武侯戴孝，后遂不除。汉中滕（天绶）太守严其禁，十年来渐以衰止。”民国以前，男子用冠圈套在发髻上将头发束紧。清末以后，比较流行的男帽有瓜皮帽（亦称衬帽）、毡帽、棉猴。儿童多用虎头帽。民间多用草帽，用麦草手工编成。辛亥革命后出现礼帽，新中国成立后绝迹。农村中年以上男女用黑（或青）色丝帕或黑布缠头，山区今犹存。中老年妇女多用一方头巾搭在头上，今少见。南郑、宁强一带的巴山农妇崇尚白色，爱用白布帕子缠头，与川北相似。清代至民国初男子留长辫，只剃前顶。民国后期，留半长发，新中国成立后男子通行分头或平头。20 世纪 80 年代后，男青年有留长发者，农民及儿童的发式比较随便；20 世纪 80 年代以前，中年以上妇女在脑后挽独髻，上加黑丝发网，网外别一支簪子；少女喜梳长辫垂于身后。青年妇女多为“剪发头”，女学生多扎“羊角辫”，小姑娘扎成“朝天冲”。

上衣、腰带：在清代及民国时，士绅穿袍、褂，形制不一，衣长有的至膝，有的至胯（俗称马褂）。马褂有大襟、对襟之别。后出现衫子、夹袄。老年人多穿大襟衫子，习尚蓝色，夏天白色为主。农村儿童穿“百家衣”（向各家讨来的多种颜色的小布块连缀成布缝制）。新中国成立后，城市机关流行中山式服装，多为蓝、黑、灰色，式样单一。80 年代以后服饰式样繁多，男子以西服为主。旧时人们多用黑色、紫色布带子缠腰，民间有“三单不及一棉，三棉不及一缠”的说法。穷苦人家无棉衣，为了御寒保暖，常在单、夹衣之上拦腰一缠，显得很精神又便于体力劳动，今已绝迹。

瓜皮帽

下裳、鞋袜：旧时农村

男裤通行宽裆镶腰的大裆裤，大腰围，打褶后勒上裤带。冬穿棉裤，老人扎绑裤脚口。手工业匠人常束围裙。妇女以裤与裙轮换使用，百褶裙与绣花裙最常见。烹饪时则换上围裙或小围腰。从20世纪30年代起，连衣裙出现。自20世纪40年代起，线袜子流行。20世纪50—70年代女子穿裙子者绝少，20世纪80年代起城市女子多穿裙子，花色鲜丽。20世纪60年代以前男女多穿手工制作布鞋，其后机制鞋逐渐取代了手工鞋，20世纪80年代后穿皮革鞋已普遍。旧时多为布袜，有单、夹、棉之分。

佩饰：古之汉中男女多有佩饰，以女性居多。幼童戴“铃铃帽”，胸前挂“长命锁”。成人腰系“荷包”，西乡、镇巴称为“篓兜”，口小肚大，表面刺绣装饰，今已绝迹。新中国成立前汉中妇女夏日穿大襟白衫，在纽扣上夹一方手帕作为装饰。年轻的妇女喜欢搽脂抹粉、画眉点唇、戴指环（戒指）、染指甲。喜戴耳坠、耳环、项链，新中国成立后一度绝

荷包

迹。20 世纪 80 年代以后，妇女戴耳环、戒指、项链（金或银制）者日多，男子亦有戴金或银戒指者。男女西服大都佩以领带。

包袱：旧时，出门人用包袱包裹衣物用品。包袱为一方花布，长、宽约 1 米，将所带物品置放正中，用对角布头将物品包严，再把另外两个布角交织结扎，或背或提，十分方便。今已少见。

第二节　食

陕南人“尚滋味、好辛香”。这是我国最早的地方志——《华阳国志》对陕南人饮食的高度概括。当地民间有句俗语“秦岭一条线，南吃大米北吃面”，说的是地处汉江谷地的平川地区，主食以大米为主，面粉次之，玉米、豆类等杂粮则作为日常补充。大米类的食物主要有米饭（俗称蒸饭）、稀饭、米面皮子、米糕馍、元宵、粽子、糍粑、甜酒、油炸米饺、米粉等；面粉类食品主要有面条、蒸馍（馒头）、拌汤、烙饼、油条、包子、花卷、麻花、油糕、饺子、馄饨等。

1. 不可食无“酸”

陕南人在饮食上有种特殊的偏爱：爱吃酸。俗语说：“三天不吃酸，走路打蹿蹿。”意思是：陕南的老百姓，几日不吃酸味食物，站都站不稳当，形象生动地说明了陕南人喜酸的程度。这种酸，并非是醋酸，而是食物发酵的酸——浆水菜的酸、腌菜的酸，这种自然的酸味儿是萦绕在离家在外的游子们心中的无上美味啊。

在陕南，几乎家家都有腌菜缸、浆水菜盆等土陶器。吃米饭时，也要配以浆水菜或泡菜、腌菜为佐料的各种炒菜；家里来客，除了以泡菜佐餐下酒外，“酸菜鱼”“酸辣肚片”“酸辣鸡丁”“酸辣洋芋丝”等菜肴也时常让家乡人百吃不厌，每每想起便觉口中津津然。

陕南人喜食酸，与当地人喜好大块吃肉、大碗喝酒的习俗紧密相连，所以，长期以来，形成了以“酸”为明显特征的饮食风味。这也与其生活环境和当地物产有关。陕南人所居之地，雨量较多，气候潮湿，为驱寒散湿，因此人们有喜食酸辣的习惯。

传统酿醋技法

安康蒸面是安康地方小吃中的代表，也是酸辣食物的榜首，不仅深得安康人的喜爱，更是令许多外地游客赞不绝口。

蒸面也称凉面、面皮，在陕西的各地都有这种面食凉吃的风俗。相同之处为都是将面食做熟后凉拌吃，因而也称凉面。但安康蒸面与众不同、风味独特，它的不同到底在哪儿呢？

安康蒸面的一个“蒸”字，道出了它的特色。这种凉面是将稀面糊倒入箅子，架到火上，大火蒸熟而制成，与关中的凉面不同。关中的凉面是将擀好的面条下入沸水中煮熟而成，两种制作方式不同的面条，风味自然不一样。

据 1989 年版的《安康县志》第三十二篇《风俗·生活习俗》记载，“名小吃：本县地方小吃，兼有南北风味，做工精细，色、香、味、形诱人，四季均有上市。……经营者多在食品的原料、调料、数量、质量上下大功夫。如‘麻素福’的蒸面，自有磨坊，自提细箩白面，蒸面火功软硬适度，佐料讲究，味道独特”。

安康蒸面的辅料相比于其他地方的凉面来说更加讲究，只能用开水中氽过的黄豆芽和芹菜，这两种氽熟的食物，因本身独特的香气，加上面皮的酸辣、筋道，极大地增强了人们的口感和食欲。

说到酸食，不得不提浆水面。把葱花过油，煸出香味，此时倒入浆水炝到微沸即可舀出，然后炒一盘素韭菜作为提味的炒菜。待手工面下熟后，浇上浆水，调上炒过的韭菜、油泼辣子、细盐后即可食用。安康、汉中的浆水面，其味酸、辣、清香，别具一格，相传该名是由汉高祖刘邦与丞相萧何在此吃面时所起。

2. 三天不动荤，说话没精神

陕南人的口中有“三天不动荤，说话没精神”“三天不喝油汤，心里躁得发慌”的顺口溜。足以见得陕南人对肉食的偏爱。《隋书·地理志》中就有记载：陕南人“性嗜口腹，多事田渔，

杀年猪

虽蓬室柴门，食必兼肉”。的确，无论是平川还是山区，人们普遍爱吃肉，以大肉为主，牛、羊、禽、鱼类肉和禽蛋兼食。每到过年，每户农家都要杀“过年猪”，将短时间内吃不完的大肉，或腌或熏，加工制作成腊肉，既可以长期保存，又是一种独特的风味。

说到肉食，离不开陕南当地最负盛名的乡土美味陕南腊肉。在物资贫乏的年代，以家藏腊肉的多寡作为衡量贫富的标志。

腊肉，又叫熏肉，是陕南秦巴山区一带的特产，是陕南人请客送礼的传统佳品。据记载，早在两千多年前，张鲁称汉王，兵败南下走陕南，途经汉中红庙塘时，当地人用上等腊肉招待他；又传，清光绪二十六年，慈禧太后携光绪皇帝避难至西安，陕南地方官吏也曾进贡腊肉御用，慈禧食后赞不绝口。

在陕南秦巴山区，加工制作腊肉的传统习俗十分久远。每逢冬腊月，即小雪至立春前，家家户户杀猪宰羊，除留够过年用的鲜肉外，其余趁鲜用食盐配以一定比例的花椒、大茴、八角、桂皮、丁香等香料，腌入缸中，7～15 天后，用粽叶绳索穿挂起来，滴干水，进行加工制作。选用柏树枝、甘蔗皮、椿树皮、柴草慢慢熏烤，然后挂起来用烟火慢慢熏干而成。熏好的腊肉，表里一致，煮熟切成片，透明发亮，色泽鲜艳，黄里透红，吃起来味道醇香，肥不腻口，瘦不塞牙，不仅风味独特、营养丰富，而且具有开胃、祛寒、消食等功能。陕南腊肉保持了色、香、味、形俱佳的特点，素有“一家煮肉百家香”的赞叹之言。

商芝肉，也是陕南商洛特有的风味菜肴。商芝，又名柴萁，属蕨类，嫩叶可食。西汉初，“四皓”志行高洁，隐居今陕西省内商山，采蕨而食，当地因而称蕨菜为商芝。《本草纲目》谓：“四皓食芝而寿。”此菜色泽红润，质地软糯，肥而不腻，入口可化，有浓郁的商芝香味，是陕西商洛特有的风味菜。

商芝肉的做法大致是：选上好五花三层的猪肋条肉，红烧好后切片装盘，将商芝用开水泡开，漂洗干净，取其顶端尖上 7～10 厘米的一段，切成寸丝，铺放在肉的上面，再撒上葱姜末、五香粉等作料，

商山四皓

上笼蒸半小时左右，强火上汽，一盘香味扑鼻的商芝肉就做好了。

这样烹饪出来的商芝肉，其肉入口柔而不烂，肥而不腻；商芝，韧中带脆，柔绵适口，味道醇香，余味悠长，风味独特，色、香、味、形俱佳，使人不忍辍筷。经常食之，有提神、去烦、助消化、补五脏、健身延寿之效。

安康“八大件”作为安康宴席排场菜之首，历来是安康接待尊宾贵客的最高礼仪表示，因而也被称为“礼行菜”。“八大件”讲究凉菜的分布遵循“四荤四素、中间上醋；上青下白、角荤边素”的要求。

据说，安康“八大件”是安康饮食风俗最正宗的代表。菜品中分为凉菜和热菜两大类，各八个，所以有八大件之称。明末清初，南方人口向四川方向大迁徙，在陕南的安康落脚，形成南北人群杂居格局。至乾隆四十八年（公元 1783 年），清政府为加强地方统治，升兴金州为兴安府，在府城设“安康县”，取“安宁康泰”之意。随后安康人口大增，百业兴旺，朝廷派巡抚视察，为谢皇恩，名门望户都想请巡抚大人吃家宴，巡抚遂命城中高门大户各出一凉一热精美菜肴奉上，每八户为一组，既品尝南北美食，又给了各家各户的面子。一连三日，巡抚大喜，乐不思归。后因讹传，加上凉热菜各八件，八大家的菜被传称为“八大件”。

被誉为陕南一绝的汉中石门麻辣豆瓣鱼，其特色就是活鱼快做。鱼端上桌，食客们夹入口中，顿觉两颊生津，细品之，鱼鲜肉嫩，柔辣不腻，麻中透香，回味悠长。“去石门旅游，到褒河吃鱼”已成为汉中人饱眼福、享口福的一道风景线。

在陕西汉中的宁强，有一种独具特色的风味凉盘，宴席少不了它，老百姓的餐桌上时常见到它，朋友来了一定要吃它，给人馈赠也常常选它。它就是大名鼎鼎、享誉西北的宁强地方风味小吃——“王家麻辣鸡”。选用的都是本地土公鸡，煮鸡用的是一锅几十年的老汤。这锅汤每天要换一个调料包，包中的调料有肉桂、草果、砂仁、白蔻等十多种。还有一个秘方是，鸡肉只能煮到七成熟，这样能保证肉质细嫩微脆。另一个秘诀是麻辣鸡的麻辣味，这来源于最后一道工序——拌汁。正是这最后一道工序给鸡肉增加了麻辣鲜香的味道，若不喜麻辣的食客，也可以不调入麻辣汁，鸡肉鲜嫩，一样的有滋有味。汁取自煮鸡原汤，再加入花椒粉、辣椒油、姜汁等调制而成。麻辣汁用来拌凉菜也是非常好的调料。

如今，电子商务的发展给传统销售开拓了空间，宁强的王家麻辣鸡也在年轻人的手中获得了新生。打开网上店铺搜索，你随意输入“宁强王家麻辣鸡”几个字，就会有许多条信息跃入你的眼帘，只要轻点鼠标，几天后，美食就会送到您的家中，让人不禁感慨时代发展之快。

3. 美食溯源

陕南的考古历史上，有汉中出土的史前陶灶和安康出土的汉代陶灶。城固人张骞出使西域，开辟丝绸之路后，饮食文化在各民族之间不断交融碰撞，促进了陕南饮食文化的发展。同时因陕南地处我国川、陕、鄂、豫、甘五省的交界地带，自然而然，它在饮食上也汇聚了五省的饮食文化之精粹，从而形成自身饮食文化的丰富多样性。

平利县出土的汉代陶灶

旧志称汉中人“嗜口腹”“食必兼肉”，此指旧时富家生活。通常人家一日三餐，早餐多为稀饭，佐菜简单，午饭、晚饭多吃米饭、面条，佐菜花样较多；农民饭食甚简粗。农村待客多以午餐为主，客友至家先打荷包蛋，表示一片热情。对客友以酒宴招待为快事，入座有上席、陪席之分。殷实之家菜肴以四品（大碗）四盘为主，今日则十数左右，常在正菜之前摆出八个凉菜碟和一个大拼盘。上菜顺序为先咸后甜、先凉后热或凉热相间。酒以白酒为主。穷困户及一般人家则量力待客。洋县农村昔日吃第一顿新粮饭以及吃肉时，都要给邻居端一碗，以示亲热。宁强、略阳、勉县每逢新粮收获，必向亲戚馈赠“尝新”。汉中、南郑一带，逢家父生日，出嫁姑娘必用上等白面蒸大寿桃以表示祝寿。岁时节日食俗各地大体一致。大年初一吃饺子、元宵；正月十五吃元宵；二月二吃春饼、苞谷花；五月端阳吃粽子、鸡蛋、大蒜、油糕；六月六喝面茶；八月十五吃月饼和核桃、柿子等果品；九月九吃糍粑，喝辣酒；冬至祭祖吃大锅饭；腊月初八吃腊八粥，等等。

据说流传甚广的陕南浆水面是早年楚汉相争时，由汉王刘邦和他的谋臣萧何共同品尝后命名的；汉阴炕炕馍、菜豆腐，相传起源于三国时蜀兵在汉军营生活，为储备军粮所发明的一种可以随身携带耐储存的食物。

宁强著名风味小吃王家核桃馍温暖着多少代陕南游子的心。在漫长的历史岁月里，宁强核桃馍还留下了许多奇闻逸事。据传说，王家核桃馍原名满汉龙凤喜饼。在清光绪年间，八国联军攻破北京，慈禧太后偕光绪皇帝逃往西安避难，羌州官吏曾将此馍作为贡品进呈御用。食后，慈禧赞不绝口，问：“此馍酥香味美，油而不腻，叫什么名字？”贡奉官员答道：“核桃馍。”

因满族居北地，核桃又名胡桃，为免犯讳，慈禧赐名“满汉龙凤喜饼”。此馍以面粉、核桃仁、植物油、盐、碱面等制饼烤熟。馍小如瓷盏，色泽金黄，香酥爽口，令人回味。最难得的是放置十多天不变质，色味依然如初。

福兴老号是宁强当地经营水晶点心及核桃馍的糕点铺。宁强人习惯于把福兴老号叫王家馍铺。馍铺的历史悠久，据说在清朝乾隆年间就已开设起来了，当时就叫福兴老号，掌案的师傅姓王，擅长制作各种烧饼及满汉糕点。2007 年 5 月 11 日，“宁强福兴老号王家核桃馍制作技艺”被陕西省人民政府列入《陕西省第一批非物质文化遗产名录》，这是迄今为止宁强唯一一个入选的“非遗”项目。

4. 无酒不成宴席

陕南当地有“无酒不成宴席”“无酒不成礼仪”的说法。陕南人爱喝酒，城里人多喝瓶装酒，平川和山区的农村人喝的多是自家酿制的柿子酒、秆秆酒、苞谷酒、高粱酒、大麦酒、拐枣酒、阳桃酒等，几乎家家都有酒缸，以备年节和待客之用。

时至今日，久居陕南的老人还沿袭着古法酿酒的制作工艺。今年 50 岁的吴德明，是柞水县石瓮村保持酿酒传统的农户之一。《华商报》的记者曾经采访过这位老人，老吴说古法酿酒凭的是感觉，蒸煮时间、冷却的温度、发酵程度，完全靠口尝、鼻嗅、眼看、手摸。

当地人将酿酒称为吊酒。这是由于酒灶分三层，上下两口大铁锅中间夹着一个木蒸桶。架在炉火上的大锅用于加热木桶中的醅料，上面的大锅装满了凉水，用于冷却醅料腾起的蒸汽。木桶旁伸出喇叭嘴似的漏斗，它1米多长，两头细，中间犹如一个大碗，吊在木桶上，大碗口对着上面的锅底。当下面的醅料被蒸得直往上冒热气，这些饱含酒分子的热气，遇到上边的凉锅底，便凝结成无数颗水珠，水珠大量往下淌，落入漏斗的大碗中，这便是酒。

如今的年轻人嫌麻烦、费事，宁可买酒喝也不愿意自己动手酿酒。

“好酒不出村”是陕南酒文化的又一个特点。在柞水县的石瓮村，不仅有着久远的酿酒历史，更有着浓厚的饮酒习俗，仅

柞水县古法吊酒

从村子家家可见的铜质酒壶便知一二。

据传说，以前村子里的姑娘出嫁时，嫁妆中都要有一个精致的铜酒壶，象征着婚姻长长久久（酒）。

一些上了岁数的老人，更是每日饭前必喝一两盅，看得外来的年轻人不禁咋舌。

在今日的陕南山区，仍存在这样的待客礼仪：亲友进门，首先让座、沏茶、敬烟。陕南人热情好客，非常注重待客的饮食礼仪。凡亲朋登门，必盛情款待，以家中最好的东西招待客人。现在，待客礼仪更多体现在各种红白喜事的正式宴席中，如婚礼、丧葬、祝寿、满月等。

宴席的规矩也十分讲究。上菜后一般先由上席的长者先动筷子，其余的人才能随后行动。客人的座次也有讲究，桌子须摆正，每席八人左右，取一个吉利数字。座位讲究上、下席，一般以“横木为上”或“背靠中堂，面向大门为上”。上席为贵客和尊者、长者座位，上席位中以右为尊，左次之。主人一般居下席。待上、下席坐定后，两边的侧席可随意安排人就座。

还有讲究男女不同席、父子不同席或父子不能同坐上席的说法。例外的是，爷孙则可同席和同坐上席，这称之为“老少席”。在婚礼筵席中，新娘的娘家人必坐上席。丧葬筵席，若去世者为女性，则娘家人坐上席；若为男性，则家族中的长者坐上席。长幼有序，不可坐错。敬酒、布菜也先从上席开始。

食物承载着大自然对人们的恩惠，人们在饱腹之余逐渐衍生出的礼仪之道使得陕南的饮食文化得以源远流长。司马迁在《史记》中写下“秦岭，天下之大阻”，这一阻，成就了陕南独特的饮食文化。

第三节 住

1. 特色

从某种意义上来说，一个地区的民居能很好反映出当地的文化特色，陕南民居的形成也不能例外。人们终其一生劳碌大多祈求一屋以遮风挡雨，绵延后代，因而安居乐业是寻常百姓最大的梦想。自古以来即是如此，《礼记·王制》就有记载：“凡居民，量地以制邑，度地以居民。地邑民居，必参相得也。”《管子·小匡》也提及：“民居定矣，事已成矣。”陕南处于汉水流域上游，汉水流域历来就是中华民族文明的发源地之一，因此在人类文明发展的历史进程中，这一区域积淀了丰厚的汉文化以及三国文化底蕴，这是陕南地区取之不尽的财富。

陕南由于其特殊的地理区位以及历史上几次大的移民，汉中盆地受蜀文化、秦文化影响较大，安康市受楚文化影响较大。这种影响不同程度地也都体现在民居的形态和建筑特色上。陕南民居既不同于北方的四合院，也有别于南方的徽派民居，多数朴素、内敛、颇具生活气息，向人们阐释着一种“淡泊以明志、宁静以致远”的生活态度。

陕南民居的特色主要体现在它的屋间院落不如四合院大，却比天井要开阔得多；四围既可以是房，也可以一两面是高墙；屋脊为砖雕重瓦相连，两侧龙头高翘；砖、木、石雕多为花卉、动物，如牡丹、龙凤、犀牛望月等，寓意吉祥，也可以表示屋主的信奉、趣向。民国及更早的富裕住户非常注重门窗的雕刻图案花纹，有些人家还以砖砌、瓦拼、石雕来美化。有的花窗特配以水磨石砖镂刻框架而成为一幅立体浮雕，极富艺术价值。花窗除了采光、通风，又可使建筑空间增大拉长，且起到装饰作用。

卢家门楼

陕南平川多以同姓或几姓家族为村居住，山区多单家独居，一家一院。房屋多“一”字形排列，多朝南向阳。农户分家一般“哥南弟北”“哥东弟西”。住人房间一般有楼棚，遮灰尘，堆放杂物。山区旧时富户多建四合院或三合院。

农村修房造屋，选地势稍高、不易积水之处，喜坐北向南。农村砖木结构平房一般高 5 米以上，房间“一”字形排开，修单不修双，如 3 间、5 间、7 间。20 世纪 60 年代以前城乡农村草房甚多，山区多摞木房、庵棚；80 年代以后农村大都在村镇总体规划下修建砖木结构平房或小楼房，两层居多。立房上梁选吉日良辰举行仪式，贴对联、放鞭炮，亲友临门恭贺，主人设宴招待。

陕南村落民居

选择吉日迁居，亲友携礼祝贺，主人盛情招待。若在外乡外村买房居住，乔迁之日招待“睦邻”，同周围住户先以感情联络，相互认识，日后出入方便。

陕南地区传统的住房有石头房、竹木房、吊脚楼、三合院及四合院等。

石头房多建于山区，镇巴、安康、西乡山区很普遍。顾名思义，石头房以石为基本材料。通常是后墙靠山崖，三边以石头砌墙，屋顶木架上铺以油页石板。石头房禁风耐雨，造价低廉。

竹木房四壁用圆木垒成，并留有门窗。屋顶用毛竹搭在木梁上，再以竹篾条结成以蓼叶覆盖。有的人家在横梁上架木，上铺密竹，抹上灰泥，成为顶楼，上置火塘，用以烘烤和存放粮食。竹木房多建于抹边及山坳，南郑、宁强和城固等山区常见。

吊脚楼多建于沿江集镇。吊脚楼以木桩或石为支撑，上架以楼板，四壁或用木板，或用竹排涂灰泥。屋顶铺瓦或茅草。吊脚楼窗子多向江，所以也叫望江楼。吊脚楼是远古巢居的发展。

三合院和四合院，多建于平坝城镇。三合院有正房三间，中间为堂屋，东西为厢房2～3间。正房前方屋檐外伸，可用来吃饭、歇脚。厢房开间比正房小，两端有围墙相连，墙中间朝南开门。四合院由正房、厢房和过门房组成，中间有天井，比三合院更讲究。三合院和四合院居室以土坯、砖石、木料为基本材料，大门多向南，忌朝西。

汉中民居有四合院，也有三合院建筑，但以四合院为主，也有独立式的合院住宅和前店后宅的住宅形式。独立式的合院住宅多为官宦大户，城镇和乡间都有这一类建筑形式。一般来说，前店后宅的四合院建筑，由于用地的影响，整体视觉上比较狭长。

安康由于邻近荆楚，因而民居建筑受到楚文化影响，合院、前店后宅以及大量农舍并存。城乡瓦房普遍。乡村多土墙，城镇多青砖墙，屋顶铺小青瓦，砖瓦手工制作，木柴烧成。

位于商洛市镇安县城西北25千米的云盖寺黑窑沟村刘家大院是典型的江南文化与北方文化结合的居住建筑群。相传是乾隆四十五年（公元1780年）刘氏祖先刘永盛由安徽太湖县迁

云盖寺刘家大院

居至此，嘉庆末年其孙刘朝榜发迹，家中势力不断扩大，开始建设居舍，占地 4 000 平方米，建筑面积 3 333 平方米，由 9 个四水归堂的天井院子合成，整体成正方形，砖木结构，房屋共上下两层 105 间，院内庭堂曲径通畅迂回，鳞次栉比，布局严谨，结构合理。

2. 魅力小镇——青木川

青木川镇隶属陕西省汉中市宁强县，地处陕、甘、川交界“一脚踏三省”处，是陕西省最西边的一个乡镇。因川道中有一棵古青木树而得名，也因魏辅唐和古建筑而名声大震，是羌汉杂居地区。

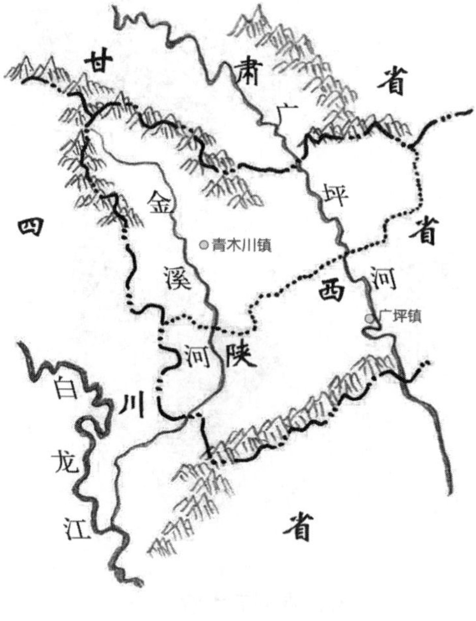

青木川区位图

据宁强县志记载，早在三国时期，邓艾攻蜀时曾率军入境南下；明末崇祯十年（公元 1637 年）闯王李自成也由青木川过境入川占领青川县；清太平天国蓝大顺义军与官军也曾在境内秦家垭鏖战；民国二十二年（公元 1933 年），国民党军第 1 师、第 64 师曾驻扎青木川，企图入四川、甘肃阻挡北上抗日的工农红军。由此我们可以看出，早自三国时期伊始，青木川已经是进川的要道之一了。

青木川虽处三省交界的要塞之处，却因地理位置的偏远一直处于闭锁状态，整个古镇的老街和民居建筑保存得比较完整。据史料记载，当年杜甫过境时曾吟道："仰凌栈道细，俯映江木疏。地僻无网罟，水清反多鱼。好鸟不妄飞，野人半巢居。喜见淳朴俗，坦然心神舒。"

飞凤桥

青木川山清水秀，自然生态秀美，民风古朴。一条“回龙场”古街从南向北把小镇拉得悠长，两边的四合院式的、船型的明清民居错落有致地连缀在一起，中西合璧式的古街中段，一座盖顶华丽的“飞凤桥”横跨金溪河两岸。现存的几处中西结合的老式豪宅，里面有回廊、天井，宽大舒展，后来在土地改革时分给了当地居民居住。

叶广芩的小说《青木川》就是以古镇青木川作为背景，讲述了民国时期这里的传奇人物魏辅唐的一生，从青木川镇解放前夕写至改革开放的今天。这部小说使小镇声名鹊起，游客络绎不绝。小镇最美的时间是春季和秋季，春天，徜徉在金色的油菜花海中会让人忘了都市的烦恼；秋季，满目的红叶又给大山披上了绚烂的外衣。在这里，每三天有一次集，一般是农历的三、六、九为逢集日，以回龙场老街中段和飞凤桥为中心的交易地一时间热闹非凡。

青木川比较有名的还有魏辅唐的新老宅子和辅仁中学。据史料考证，辅仁中学当时是由魏辅唐长兄魏元臣捐献土地 3.33 万平方米，魏辅唐出资，1947 年建成的。辅仁中学位于老街上面的坡顶上，学校里至今还保留着当时的大门、礼堂和办公楼。学校的建筑样式中西合璧、典雅大方，足以见得在当时这位传奇人物对教育的重视。与老街一河之隔的魏家坝上，依然矗立

辅仁中学

着两处魏辅唐的老宅，占据着青木川的有利地形。

3. 凤凰古镇

“南有凤凰古城，北有凤凰古镇”——这里的凤凰古镇说的不是湖南张家界边上的凤凰古城，指的是陕西省商洛市柞水县的凤凰古镇。

据《柞水县志》记载，凤凰古镇始建于唐武德七年（公元624年）。第三次全国文物普查时，在凤凰镇桃园村发现挖掘的

“高垣仰韶文化遗存物”，充分证实早在公元前5500年—公元前4800年之间的新石器时代，凤凰镇就生存着一支早于母系氏族社会的原始先民。出土遗存物展现了当时母系氏族制繁荣至衰落时期，黄河与长江流域人类活动的社会结构和文化成就。

古镇街面房屋由西向东呈阶梯形，各户间由马头墙连接，房屋前檐雕龙画柱、飞鸟走兽，建筑布局为前庭后院，颇具江南风格，是陕西省最宏大、保存最为完好的古民居，被史学家称为具有秦风楚韵的“江汉古镇活化石”。最具代表性的建筑有

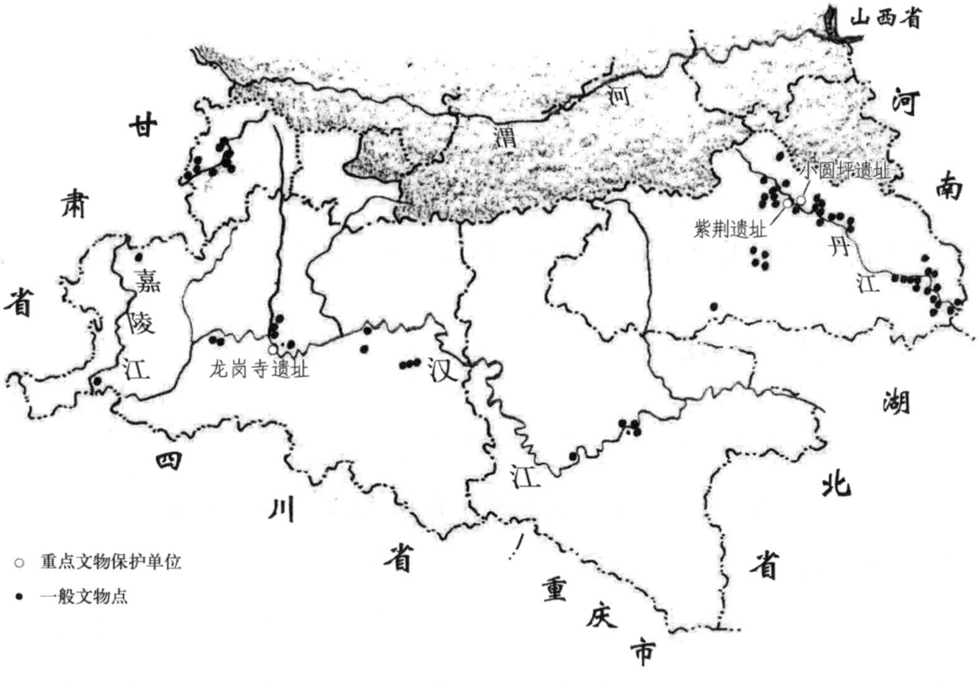

陕南地区新石器时代晚期遗存

“古钱庄”“高房子”“茹聚兴药铺”“孟占先绸庄”“康家大院”“郭氏客栈”等。走在古镇街道上，仿佛穿越明清历史，走进一间间店铺，仿佛在明清甚至更远的年代穿梭——青石板和店铺的古老门窗，一道道裂纹，仿佛历史长河中一道道烙印和记忆。

由于古镇居民多为安徽、湖南、湖北移民后裔，所以，这里集聚了楚汉文化，建筑也继承了江汉民居艺术特色。走进凤凰古镇，就是走进秦风楚韵的历史长河；走进凤凰古镇，就是走进江汉民居的艺术博物馆。

凤凰镇

凤凰镇在柞水县境东南，1961 年 9 月以前归镇安管辖，1961 年 10 月划归柞水县。此地古名三汊河口，因社川河、皂河、水碓沟河在此交汇。在悠久的历史长河中，三汊河口历遭劫难，但它却顽强地存续下来，而且有了很大的发展。唐武德七年（公元 624 年），朝廷始定均田：“凡天下丁男，给田一顷；笃疾废疾，给四十亩；若为户者加二十亩……工商之家不得预于士，食禄之人不得夺下人之利。”（翦伯赞、郑天挺著《中国通史参考资料》）这种均田制度，旨在调动农民的生产积极性，发展农业生产。加之横穿南北的义谷道，带来商贾繁荣，当时三汉河口至杏坪，地势宽阔、平坦，土地肥沃，人口稀少。武德八年，今湖北、湖南等地百姓，纷纷迁至三汉河口定居，接受均田。至武德九年，在此定居者已达220户。唐万岁通天元年（公元696年），析丰阳地置安业县（含今镇安和柞水东南大部地区）后，因金钱河水流抵杏坪，由武汉等地运来的百货在三汉河口集散，又将收购的山货土产运往老河口、武汉销售，不论行商坐贾，都生意兴隆，财源茂盛，三汉河口很快成为富庶之地。明末，李自成起义军来往频繁，多驻守于三汉河口，官军闻讯前来清剿，双方多次激战，街房被焚。清顺治初年，朝廷下垦荒令："镇安等州县官给牛种召垦"（《陕西通志》）。当时有300多户来三汉河口定居垦殖。康熙十四年（公元1675年）九月，吴三桂任平西王后，吴将汤某率兵由兴安（今安康）夺取镇安县城，至三汉河口时，以"李自成之巢穴"为罪，将重建的街房焚荡一空。乾隆六年（公元1741年）户部议复"商州及所属地方召垦"（清《陕西通志》），又有湖北、湖南等地人来三汉河口定居垦殖并兼做生意。至清咸丰初，定居者已达400多户。时因三汉河口至西安的骡马大道辟就，居民农商兼做，粮丰钱足，一片兴旺景象。为图祥瑞，避免街房三次被焚，道光五年（公元1825年），民众计议，取南来一山似凤凰翘首之形，将三汉河口改名凤凰嘴，并定每旬单日为集。此后，“微利多销，以义为本”，一直是凤凰嘴商人们的信念。1949 年以后，将凤凰嘴改名凤凰镇。

4. 洛南民居的活化石——“鞑子梁”

鞑子梁位于洛南县石坡镇李河村，距县城 35 千米，海拔 1 000 多米，坡度约 60～70 度。地处偏僻，交通不便，如今的村民们已经陆续搬迁到了山下。数百年前，鞑子梁的村民就在这里生息繁衍，逐渐形成了张家大院、杨家大院、刘家大院和

石板房

乔家大院等四个院落群。

据当地的老人们说，元末明初，有一部分元兵行至洛南，因无心苦战，就在这个空旷无人的山梁就地取材，用满山遍地的石板建成简单的房舍，开辟荒山，就此居住下来，世代繁衍生息，后人就将此地称为“鞑子梁”。

据统计，这里的石板房共有 56 座 158 间，总面积约 1 667 平方米。经省市专家学者考证，这里数量庞大的石板房为全省唯一、国内罕见。此地山民因地制宜，将石板建材利用到了极致，生动地打造出了“洛南民居的活化石”。石板做瓦，石板做墙，甚至连门楼也是石板砌就，还用石头搭建猪圈、鸡舍、牛棚，制至石碾、石磨，砌水窖等，满眼皆石。如今，虽然村民已经陆续移民搬迁至山下，但每年收种两季，一些村民还要上山回到故地住几天,炊烟袅袅中延续着洛南原始民居的独特风景。

沧海桑田，数百年历史的石板房，令每一个见到它的人无不怦然心动，历史在这里凝结，所有的喜怒哀乐在这里都被沉甸甸地记载下来。2014 年 12 月，商洛市政协在洛南县举办了洛南鞑子梁石板房文化古村落专题协商会议，计划合理开发并保护好这一文化遗产。如今，洛南鞑子梁石板房文化正以崭新的姿态走出洛南，走出陕西，走向世界。

第四节　行

1. 栈道

李白《蜀道难》诗云：“噫吁嚱，危乎高哉！蜀道之难难于上青天！”这里提到的“蜀道”，就是指由关中通往汉中的褒斜道、子午道、故道、傥骆道，以及由汉中通往四川的金牛道、米

陕南地区古栈道遗存

仓道等。蜀道是我国古代第二大交通运输线，仅次于京杭大运河，是现存世界上最早的国家级道路，比欧洲著名的罗马大道还早。

汉中在地理上属于我国西部地区的南北方过渡地带，先民们很早就在这里繁衍生息，并逐渐沿河流而行。战国时期，为了解决山地道路险绝之处阻塞而绕道的问题，遂出现了栈道。据史料考证，这便是早期道路交通的雏形。

栈道是在陡岩峭壁上凿孔架桥而成的一种通道，也是兵家攻守的交通要道，工程艰巨。栈道的出现是我国古代交通史上的奇迹，《战国策·秦策》中曾记载“栈道千里于蜀汉”。穿越秦岭的栈道有褒斜道、陈仓道、傥骆道、子午道，这四条栈道均位于汉中以北，历史上称为“北栈”。穿越巴山的栈道有荔枝道、米仓道、金牛道，如今陕南现存的栈道多成为风景名胜。

褒斜道

褒斜道南部起点在汉中市西北部的河东店镇，因为栈道依着褒河而建，故名褒河栈道。历史上，在秦、汉、魏、晋各个朝代皆将这一栈道作为关中至汉中，再往四川的主要道路。褒斜道始通时间史无详载。据周原考古发掘出土物上的甲骨文记载，周文王有“伐蜀”“克蜀”军事行动；周文王曾向汉水流域开拓疆土，“经营南国”。《尚书·牧誓》载：周武王灭殷，“蜀亦从行”，即秦岭以南的八个部落进入中原，参与周武王伐纣军事行动。可见，殷商时期汉中即有北出秦岭的道路。春秋战国时期，秦文公至秦穆公期间（公元前 762 年—公元前 621 年），秦蜀间既有军事攻伐，也有商旅往来；秦厉共公二十六年（公元前 451 年），秦左庶长城南郑；秦惠公十三年（公元前 387 年），秦伐蜀，攻取南郑；秦惠文王更元九年（公元前 316 年），司马错、张仪伐蜀前，曾大修道路。以上这些行动，经由褒斜道（或故道）的可能性最大，且在采取军事行动时修筑栈道的可能性亦最大。到秦昭襄王时（公元前 266 年—公元前 250 年），范雎为秦相，蔡泽赞美范雎修筑“栈道千里，通于蜀汉，使天下皆畏秦”。可见当时已建有此栈道。

据统计，从斜谷口到褒谷口路长 500 余里地。褒斜道南口在汉中以北的褒谷，北口在眉县的斜谷，通称褒斜谷。栈道南端叫小石门，北端叫大石门，隧道内壁和石门南褒河两岸崖上，留下汉魏以来历代著名官员和文人雅士的题名和留诗，通称“石门石刻”。1971 年因石门所在地修水库，有 17 方主要石刻移入汉中博物馆保存。褒河石门栈道是世界上最早的人工交通隧道之一。据传其盛时“五里一阁，十里一亭，三十里一驿”。

汉中石门栈道风景区位于汉中市汉台区、勉县、留坝三县（区）交界的褒谷口，距离市区 15 千米。它以石门水库为依托，

石门古栈道

风景秀丽，古迹荟萃，是自然景观与历史文化俱佳的城郊型水利风景区。景区内林木苍翠、怪石嶙峋，既有雄伟壮观的水利景观、烟波浩渺的水域风光，又有底蕴深厚的人文历史遗迹。

历史上萧何月下追韩信，“明修栈道，暗度陈仓”的故事就发生在这里，诸葛亮北伐曹魏常由此出入。褒河栈道在记载着历史的同时，也见证了古人开凿栈道的智慧。褒河栈道开凿于东汉永平年间，采用火烧水激而成的石门隧洞，是世界上最早的人工通车隧道。石门附近有汉代以来文人墨客题留摩崖石刻100 多处，最著名的“石门十三品”“国之瑰宝”，被日本书道界称为“汉中石门，日本之师”。还有之前在介绍古汉台时提到的曹操的“衮雪”就是出自此处，还有众多书法名作如《石门颂》《石门铭》等。

故　道

古时也称周道，或陈仓道（因其北端位于陈仓区，故而得名）。又因经过秦岭脊上的要隘散关（或大散关），亦称之为散关道。故道全长 600 千米，是穿越秦岭诸道中最长的一条，先秦以前即有。从宝鸡向南，过大散关，越秦岭，沿嘉陵江河谷，

陈仓道上连绵的秦岭

经凤州、两当、河池（今徽县）、兴州（今略阳县），向东南越煎茶岭，出白马关（今勉县西），进入汉中平原，与金牛道相接，直下四川，为汉中到关中的一条间道。或由兴州沿嘉陵江南下，经今阳平关，到四川广元。凤县至沔县（今勉县）间有支道多条。汉王刘邦由汉中北出三秦，暗度陈仓，诸葛亮第一、二次北伐曹魏，经由此道。

连云栈道

此栈道是北魏正始四年至永平二年(公元507年—公元509年）重新修筑褒斜道的时候开辟的。20世纪30年代修筑的川陕公路基本上沿此线路修建。

连云栈道因由原故道、陈仓道、回车道、褒斜道连接而成，始修时间史无明载。汉中境内部分，有史载者，据《石门铭》载：北魏正始三年（公元506年），梁、秦二州刺史羊祉奏请开创回车（今凤县南）新道。正始四年十月，“遣左校令贾三德领徒一万人，将帅百人”，修筑该道“阁广四丈，路广六丈，皆填溪栈壑，砰险梁危，自回车至谷口二百余里”，永平二年（公元509年）毕工。

自唐代中叶起，褒斜栈道北段改由回车道、散关道，南段仍由褒谷道，即从褒城入谷，沿褒河至留坝县姜窝子（褒斜道南段），离开褒斜道，向西北沿紫金河，经八里关、青龙寺、新开岭、青羊铺、画眉关、大滩、安山驿（今留坝县城），翻越柴关岭，过凤县、煎茶岭、大散关，明清时称此路为连云栈道，南段习惯上也称褒斜栈道。该道在汉中境内长 84 千米。民国二十四年（1935 年），国民政府沿连云栈道修筑川陕公路。长期作为川陕官道的连云栈道历史至此结束。

傥骆道

此路因其南口曰傥（在洋县北 15 千米），北口曰骆（在周至县西 60 千米），故名；又叫骆谷道。谷道长 250 千米，是秦岭诸山路中里程最短的一条。从长安南经过盩厔（今周至）县的西骆峪（亦称“骆谷”或“洛谷”），南出洋县西水河。三国至唐代，长安至汉中多经此道。唐代曾辟为驿道，唐

华阳古镇

李吉甫《元和郡县志》称傥骆道全长 375 千米。骆谷道的走向，从盩厔县西南 15 千米西骆峪入秦岭，经厚畛子、钓鱼台，翻越秦岭正脊后，到都督门，越财神岭、兴隆岭，进入洋县境内，又折而向南经西水上游的华阳镇，再由牛岭折西南至铁冶河，循水河谷至洋县县城，进入汉中平川。也可由华阳向东南，经茅坪、八里关，越贯岭梁，经白草驿，出谷口；或由华阳镇向西南，越牛岭，顺八里河至八里关；或由八里河谷的黑峡、大店子越岭，过四郎乡，出谷达洋县县城。汉中境内约全程一半左右，较褒斜道、连云道、子午道、故道均近捷，但几经翻山，道路较其他道路险峻，故宋代后官道不用。

文川道

唐大中三年（公元 849 年）新修的一条驿道，因其南段谷道的出口在文川河谷（城固县），沿文川河而行，故名。文川道为褒斜道的一条支线，明清时改线拓宽。从留坝县西江口（今江口镇），离开褒斜道，向东南行，由铁灌沟、庙坪翻雪岭（鹰嘴石），至上南河村，折东行沙岭子，过月亮湾，翻桅杆石梁，进入城固境内的小河子。再向南至双溪驿，越过光头山到文川河谷，出谷口至城固文川镇，再折西到汉中。文川道比连云道至汉中近捷，唐时沿途驿站有仙岭驿（今柘梨园）、青松驿（今江口镇）、山辉驿、回雪驿（今沙岭子）等。蜀汉时期，诸葛亮第一次北伐，遣赵云、邓芝为偏军，出箕谷。后因赵、邓屯兵乐城（今城固），故以文川道为行军路线。诸葛亮最后一次北伐，也派部属从此出斜谷。唐大中年间，著名文学家孙樵《兴元新路记》详细记载了文川道开修及沿途情况。

诸葛亮

子午道

有学者考证，刘邦率军去汉中是沿此路。古代称北方为子，南方为午。全程长约千里以上，道路崎岖，沿线居民较少。子午道又叫子午谷，北口在长安区，叫子口，南口在洋县，叫午口，全长 420 千米。鸿门宴后，刘邦被项羽贬到巴蜀地带做汉王，就是沿子午道返回汉中。途中刘邦听张良的主意，烧了走后的栈道，以防止项羽南侵，又可使项羽不疑心他北上。子午道的沿途有东汉发明造纸的蔡伦的墓地和西汉出使西域的使者张骞的墓地。

子午道最早见于班固《汉书》。《汉书·王莽传》记载，王莽为宣传自己那已经被立为皇后的女儿“有子孙瑞”，开凿了从长安“直通梁汉”的子午道。东汉《石门颂》中，有“高祖受命，兴于汉中。道由子午，出散入秦”的记载，有的史家据此认为，子午道在秦末即已存在。

子午道的具体路线，汉晋时从长安城向正南，由子午镇入子午谷，越岭进入沣水河谷。溯谷而上，经喂子坪、子午关（又名石羊关）间险岭峡谷、要隘，登秦岭正脊。过秦岭后，进入汉水支流洵河上游，过沙沟、东江口，越岭至月亮坪。再南越腰竹岭，沿池河而下，经营盘、腰岭关、太山庙到马池镇，折向西北越马岭关，溯汉江至石泉县。由石泉向西北溯饶风河，越饶风岭，过饶风关至汉中境内今西乡县南子午镇。从南子午镇过子午河向西北，绕汉江黄金峡大湾，上阳泉坂，经金水河口、铁门观，折向西南越酉水至龙亭出山，进入汉中平原。然后由汉江北岸平原经城固而达汉中。晋武帝时将军王神念另开干路（即洵阳坝、火地塘到宁陕县，向西南经两河口向西，进入汉中境内今佛坪县大河坝、洋县金水、洋县县城）。三国时魏将曹真攻蜀、曹爽部将刘钦到汉中，晋司马勋北伐苻秦、北魏拓跋干侵犯汉中等，均经此道。子午道在古代较少用作驿道，往往是在褒斜驿道不通时改走此道。

金牛道

又叫蜀栈，是古代川陕的交通干线，北起陕南勉县，南至四川巴中大剑关口。其中川北广元到陕南宁强一段十分险峻。诗人李白赞叹的“蜀道难，难于上青天”，指的就是这一段。又名石牛道、南栈。从勉县向西，经宁强县大安、烈金坝（元以

蜀道

后改由宁强县城）至阳平关，或由大安，经五丁关（金牛峡）、棋盘关（古称七盘岭、七盘关、七盘山），入四川广元境直到成都。据西汉扬雄《蜀王本纪》载，秦惠文王欲伐蜀，不知道路，便造五石牛，放在入蜀路口，并在石牛尾下放置一些金子，放出风声说：石牛能屙金子。蜀王听到后，便派五个大力士率人修路，把石牛拖到成都，于是便修成了一条入蜀的道路。秦惠文王派张仪、司马错沿着此路进兵，灭亡了蜀国，故称金牛道。从周、秦至民国初期，金牛道一直是关中、汉中入蜀的主要道路，历代均辟为驿道，是陕西西南门户、入蜀咽喉。民国时在棋盘关公路侧有摩崖石刻“西秦第一关”（今存）。该道在汉中境内从褒谷口的勉县褒城镇到宁强县棋盘关，共长 139.1 千米，原川陕公路（今 108 国道）基本沿此道修筑。

荔枝道

相传唐玄宗的宠妃杨玉环酷爱吃荔枝，在四川涪陵兴建优质荔枝园，并修整了四川涪陵到长安的道路，用于快马传递荔枝。

米仓道

作为穿过米仓山连接汉中与四川北部的道路，米仓道北起陕南南郑县，南至四川巴中县，因穿越米仓山而得名。米仓道全长 250 千米，绕山越岭，攀行其间，如腾云驾雾，是连接汉中与四川的古道之一。历代在入川时，若金牛道不通，多由米仓道进出。米仓道自古有中路、东路、西道三条路。

郡　道

汉中府到兴安府的大道，是古时襄鄂到汉中驿道的一部分。沿途地势平坦，农业较为发达，人口稠密，食宿方便，历史上曾经开辟为驿道。此道自古是汉中盆地内最主要的道路，东西走向，亦是汉中东下荆襄的大道，秦时即有。刘邦入汉中之前，派郦商攻破洵关，先入汉中。历代由湖广、荆襄到汉中，多由此道。南宋以后辟为汉中通荆襄的主要驿道。明清时辟为官马支路。该道基本沿汉江北岸行，即由汉中东出，经城固、洋县，折向西南，经西乡县茶镇，向东到安康市。如走水路，则由汉中乘船，经城固、洋县，穿过黄金峡，直下石泉、安康；或陆行，即由汉中到洋县后，再乘船沿汉水下安康。迄今，此道仍为汉中盆地内东西走向的主要道路。

商洛道

亦称商于古道、商山道，为“秦楚咽喉”，是长安通往东南诸地和中原地区的交通要道。据考古学发现，早在商末周初就成为居住在丹江、汉水流域之土著与周人相互往来的道路。唐贞观元年（公元 627 年），商州刺史李西华倡修从蓝田到河南内乡 600 里路，史称武关道、蓝武道。

2. 出行习俗

作为移民之乡，陕南土著极少，95%以上系外来移民，也就是俗称的“客民”。客民出门行旅艰难，因而对出远门十分重视，为了求得心理上的平衡和慰藉，便产生了许多风俗习惯。

一是选择出行的黄道吉日。关于择吉日的方法，民间有“三六九，往外走；二五八，好回家”“日逢三六九，不问出门走”“七不出门，八不回家”“初五、十四、二十三，太上老君不出巷”“七不出，八不归，逢九出门惹是非”等等俗语。人们相信农历每月上、中、下旬的三、六、九日是出门的吉祥日子，这几天没有任何禁忌，所以人们大都选择在这几个日子里出门。凡逢农历初七、十七、二十七等日，均不能出远门；逢初八、十八、二十八等日，则不能从远路起程回家；逢初九、十九、二十九等日，亦不愿出门。通行的做法是从皇历书上查找吉日。总之，据说选准了出行的吉日，才能确保行程顺利。

二是佩戴护身符。外出远行者，还要请僧道或端公巫师画一张护身符，以求消灾除祸，保佑平安吉祥。佩戴护身符的人，往往把这张护身符看成是自己的命根子，万一遇到匪盗猛兽等意外，宁可舍去银钱行李，也决不把这张护身符丢弃，可见古时候陕南民间对鬼神的崇拜程度。这种习俗是古代宗教传承下来的，已成为古代中国传统文化的一部分。新中国建立后，由于科学知识的普及，迷信者渐少，请巫师神汉画护身符者也几近绝迹。

三是辞行拜别。出远门的人，在行期确定后，要向亲友逐一登门辞行拜别，讲明自己起程日期、要去的地方和出门的目的，并询问亲友们是否带信带物，若不辞而行，会被人认为是不知礼和没教养的人，这就是民间常说的“礼多人不怪”。陕南人重义守信，亲朋有什么拜托，自然是“受人之托，必忠人事”，尽力为其完成。“应人事小，误人事大”，千万不可马虎。辞行时，长辈和己亲们为了表示关怀，免不了要根据自己的体验、经历和见闻，嘱咐些乘船、乘车、住店、防匪、防盗等行路的安全知识。辞行者也要毕恭毕敬地认真聆听。关系密切的亲友，亦有向辞行者馈赠路费的习俗，名为“送盘缠”。馈赠不在多少，重在一个“情”字，俗言“礼轻情意重”。为了不负亲友馈赠的盛情，一般都要酌情收下一部分。陕南人古道热肠，极重情义，如果拒收，反会落下个不领情之嫌，被误解为看不起人。这种淳厚朴实的乡风民俗，体现了民间互助互济的优良传统。

四是带家乡黄土和茶叶。旧时陕南山区人外出远行，在起程时，大多都要包一撮家乡干净的黄土和一包家乡的茶叶带在身边。据上了年岁的老人们说，出门在外初至异地他乡，往往肠胃一时还不能适应当地水土，易出现头昏脑涨、不思饮食，甚至拉肚子，这就是不服水土的症状反应。据说只要把家乡带来的黄土或茶叶用开水冲或泡，喝下去病就好了。新中国成立后，随着社会的进步和医药卫生事业的发展，这种习俗已无人再信了，但带家乡茶叶的习俗至今还保留着。

3. 陕南交通之变迁

自古秦岭、巴山及汉中盆地内的民间道路密如蛛网，难以详载。一般而言，山区均为羊肠小道，崎岖坎坷，难以行走；盆地内大道弯弯曲曲，晴通雨阻。民国时期及其以前，有甘肃、青海、宁夏的骡马驮队和马帮常从西北贩运食盐等物到汉中，又从汉中运出茶叶、山货等土特产。

历史上汉中地区有多种运输方式，在秦巴山区主要是人背骡驮，人力采用肩挑、背驮方式篓来运输，每人每次可以背数十公斤，个别身强体壮者能达到 100 公斤。车辆较为稀少，长途、大宗的货物主要是用船来运载。在山区、丘陵、平川等经济条件较好的地方，用骡马来驮运。

三国时期山路运输中出现了改进的车辆，传说是诸葛亮制作了木牛流马，用其在崎岖的栈道上运送军粮，“人不大劳，牛不饮食”。

木牛流马

陕南的现代化交通起步较晚，“雨天一脚泥，晴天一身土”，这是安康 1950 年以前的交通写照，当时的安康仅有汉白公路，通过区内的石泉、汉阴、安康、平利，最后到达白河。在山区的广袤土地上，主要还是依靠人背畜驮。汉中在 20 世纪 30 年代开始因军事目的修建机场和公路；新中国成立后开始修造轮船，疏通航道；20 世纪 50 年代开始修建铁路。陕南的交通事业发展较快，如今，以“铁老大”为龙头，安康、汉中已日趋成为连接华东地区、华南地区、西南地区的交通枢纽。

汉中西关机场，简称汉中机场，目前是陕西省重要的航空港，隶属西部机场集团，二期机场扩建正在有序进行，汉中与西安之间每天都有航班，多条航线正在积极拓展，市中心到汉中西关机场仅 1 千米。安康机场位于汉滨区五里镇，是省内支线机场，2010 年 9 月，因适航机型原因，暂时停航。

公路建设由一系列的干、支线公路起步，至今形成了一个以汉中为中心，贯通全省、辐射周边省市的高等级“米”字型干线公路系统，108 国道、316 国道、210 国道过境汉中。特别是西汉高速公路的建设，使陕南实现了高速公路零的突破。

商洛公路建设始于民国二十四年（1935 年），发展至今日，已形成高速公路、国道、省道、县道齐备的公路交通网络。在过去，商洛人普遍采用以肩挑背驮为主的人力运输方式，人力运输工具主要是抬杠、扁担、背篓、架子车。运输的畜力，则是骡、驴较多，马较少。1949 年以后，随着陇海铁路、长坪公路等的修建和发展，导致上游植被减少，水源锐减，20 世纪 50 年代以后，丹江行船越来越困难，水运逐步被陆路运输替代。

交通曾经制约了陕南经济的发展，随着西康高速、西汉高速的全面贯通，曾经困扰陕南经济发展的交通瓶颈得以解决。如今，陕南已经进入西安的三小时经济圈，西安人如今将陕南称作西安的后花园，陕南人也在西安的大区域旅游中拥有了话语权。“千里之行，始于足下”，在这里，路会越走越宽阔。

第五章　五方文化

陕南地处我国南北交界处，因而南北方的经济、文化、人口等相互交融。清末严如熤在《三省边防备览》中写道：“川陕边徼（即指陕南）土著之民十无一二，湖广客籍约有五分，广东、安徽、江西各省约有三四分。五方杂处。”其文化呈现出多元化的总特点。

第一节　习俗

1. 多元化

在这里，古老的习俗承载着人们对生活的热爱、对未来美好日子的期盼。

新婚三天无大小，敢把家公喊老表！

已故之人摆堂屋，待尸歌儿唱得好！
叶叶凉粉是个宝，神仙叶子鱼腥草！
来客登门要奉茶，茶里却把麻花泡！
哥哥去世侄儿小，弟弟敢娶哥房嫂！
大曲苞谷来烧酒，过路人恨酒量小！
陕南女子身材好，吃肉喝酒显窈窕！

这首流传于陕南的打油诗将流传几千年的陕南民俗概括详尽。

汉台、城固、洋县、南郑等区县的糖画艺人较多，以瓢勺盛糖液代笔，在石板上浇画成山水、人物、花鸟、虫鱼等形象，栩栩如生，能吃能玩，小孩喜欢购买。

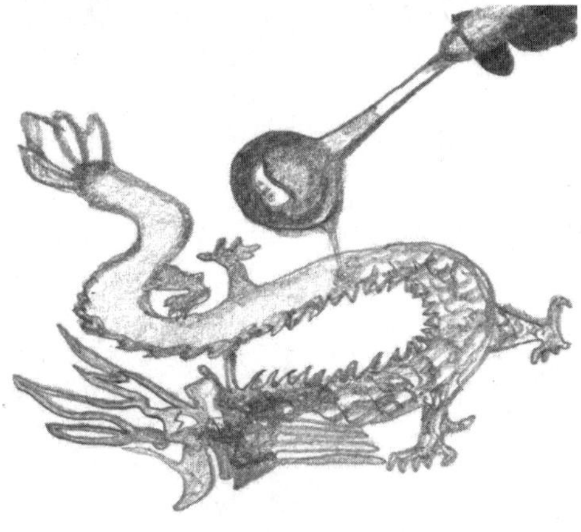
糖画

汉中面人儿历史悠久，雅称面塑，民间艺人用彩色面团捏塑成人物、鸟兽、果品等工艺品，如面鸡、面羊、面狗、面石榴，以及“孔雀牡丹”“二龙戏珠”等形，还有戏曲人物造型，如“孙悟空”“鲁智深”“黛玉葬花”等，亦极受儿童喜爱。

汉中各县于春节、元宵节期间多喜玩采莲船。一俊俏姑娘扮“船姑娘”，一男子扮“艄公”，相互做撑船、移船等表演动作，边演边唱。“船”用竹篾编扎而成，上糊彩纸，装饰剪纸、绘画，造型精巧，“艄公”“船姑娘”表演一系列水上划船动作，优美轻盈，舞姿翩跹，唱腔曲调悠扬婉转，具有地方特色，乡土气息浓郁。

春节及其他重大节日，汉中城乡喜欢舞狮，俗称耍狮子。一“笑和尚”手持绣球或云帚做引导，和“狮子”嬉戏逗趣，伴以欢快锣鼓声，表演热烈红火。有平地狮子、高台狮子两类。舞狮时，以“破阵”水平高低见高下，观众常摆阵或提出一些高难动作要求，让舞狮者完成，显示舞狮者的聪明才智及技巧。舞狮破阵后，主家以烟酒、红包等犒赏，以示酬劳。

耍狮子

汉中各县春节、元宵节喜玩龙灯。旧《志》载：“环竹节作龙状，蒙以绤（纱布），绘龙鳞于上；有首有尾，下承以木柄旋舞。街巷前导为灯牌，必书‘五谷丰登’‘官清民乐’。”勉县、南郑、西乡、宁强以表演二龙戏珠或龙抢珠为最常见。

汉中各县春节、元宵节时多玩社火，种类多样，有地社火、桌社火、牛社火、马社火、高跷社火、高台社火（又称芯子、悬台社火）等。各种社火均为青少年扮演戏曲人物，伴以锣鼓，在各乡镇村及街巷游行或表演，人称“哑巴戏”。洋县智果村悬台社火为最有名，小孩扮戏曲人物造型，缚扎于铁芯子之上，人上立人，高至五六层，多人抬之游行观览。

汉中秧歌只舞不唱，男女舞者腰系彩带，手持镰斧等生产工具或彩带，左右摇摆，列队表演，三步一停，或跳十字，伴锣鼓节拍表演。新中国成立初期，学校、厂矿、机关大多都有秧歌队，业余时间或节日、重大喜庆活动时在城乡表演；亦有舞台表演者。近年，城市有中老年秧歌队早晨活动，锻炼身体，或在节日庆贺表演。

新中国成立前，汉台、城固、洋县、西乡等区县街头巷尾常有打花鼓行乞者。打花鼓初为行乞手段，后屡经改造，成为民间舞蹈。腰鼓队多者七八十人，以青少年为主，服饰统一，击鼓动作花样繁多，不唱不说，阵容雄健，常在节日或重大庆典活动时表演。宁强、略阳有羊皮鼓，颇知名。

旧时春节期间，汉中农村场院上常竖秋千架，有打秋千活动，大人、小孩皆喜玩秋千。此俗今渐无。

在汉中的春季，大人、小孩喜放风筝。汉中的风筝花样甚多，广场边常有风筝漫天飞舞。

汉中城乡居民多爱下象棋，小孩爱下军棋、跳棋，老人爱打纸叶牌，成年人爱打麻将、玩扑克，多为娱乐。近年以此为赌博者增多，此风实不可长。

傩戏被称为原始戏曲的活化石。东汉王逸在《楚辞章句·九歌序》中写道，当年楚国诗人屈原看到“俗人祭祀之礼，歌舞之乐，其词鄙陋，因而作《九歌》之曲……”。我们可以推测，《九歌》就是早年祭祀活动时的一种傩歌舞。傩歌舞在民间不断地发展变化，逐渐在歌舞中增加了故事情节，丰富了表演，向傩戏转化，这种傩戏就是最原始的戏曲。至今在宁强县老一辈人的眼中，仍然将这些舞蹈称之为端公戏。据史料记载，陕南傩戏的出现，跟羌族有关。我们知道，宁强，原名宁羌，1942年，于右任取“安宁强固”之意，将其改名为宁强。“羌”是中原一带汉人对中国西部古老牧羊部族的泛称。东汉许慎在《说文解字》中称：“羌，即西

傩戏面具

戎牧羊人也。”陕南宁强一带曾是氐羌族群的重要居住与活动地，氐羌文化遗存遗风至今仍清晰可循。

今天的我们只能去猜测，当年生活在汉水流域的羌族人，由于对上天的敬畏，对科学的蒙昧无知，在得病之后，只能将希望寄托于上天、神灵，于是便将端公请来，祈求他能驱魔除病，保人平安。端公戏就是最古老的一种祭神跳鬼、驱瘟避疫、寓意平安的舞蹈，在此基础上不断演化，形成了古老的“巫傩文化”。《汉书》《宋书》的“地理志”中都记载过“汉中之人，不甚趋利……好祀鬼神，尤多忌怨，崇奉道教，犹有张鲁之风”。张鲁，是道教中的人物。

相传，陕南傩戏繁荣时期的剧本多达200多个，流传到现代，保存下来120个。以至于对唱词的原作者都不知其名了，班子里说得最多的就是“听老人们说……”。其实我们也不知道“老人们”究竟是哪一代了，距离我们有多远。对于今天的村民来说，这些戏从哪来的并不重要，重要的是那一份饱含着追求幸福和虔诚的心。当乡亲们在端公的带领下聚集在早先准备好的“祭坛”前，燃香、烧纸、点鞭炮，匍匐在地、叩头作揖、口中念念有词，一时间此起彼伏。

虽然陕西省已经将傩戏列入首批非物质文化遗产保护名录，汉中市文化局也开始采取措施对这门古老的民间艺术进行抢救性传承保护，并正在争取获得国家级非物质文化遗产保护。然而，陕南的傩戏，仍然面临着严重的生存危机。

2. 婚俗

婚嫁是人生大事，陕南的婚俗也是颇为讲究。商洛婚俗，在 1912 年前一般按照《周礼》中“六礼”的程序进行，即纳采、问名、纳吉、纳征、请期、亲迎。随着时代的变迁，婚俗也随之改变，后多简化为提亲、定亲、结婚三个阶段。

旧时提亲多是由媒人从中牵线搭桥，取得女方家初步同意后，将姑娘的生辰转送男方合相。若相合，男方将女方的“庚帖”压在家中的祭祀香炉下。半月后，若男方家中平安无事，便可订婚。

订婚古称“作揖”，多在女方家中进行。在陕南的镇安县是男方送肉、点心、菜、酒等四色礼，女方回四色礼，即头发（结发夫妻）、柏树叶（长生不老）、白米（白头偕老）、茶叶（四季常青）。订婚后，男女双方公开未婚夫妻关系，并改变以往对双方父母的称呼，俗称“改口”。

迎新之日邻里乡亲来帮忙，亲朋好友前来祝贺。旧时，当日中午，新郎身披三色长袍，穿黑色马褂，头戴大礼帽，脚蹬黑布鞋，并横披由舅家赠送的红绸带，在伴郎陪同下，率两乘

古代迎亲

花轿和迎新队伍，在乐队的吹奏和鞭炮声中前往岳父家。到后，新郎向女方祖宗行叩拜礼，然后吃荷包蛋，坐上席吃饭。宴毕，新郎、新娘分别上轿。娘家至亲（其兄辈）抱新娘入轿（上路，男前女后。女家送亲女眷及伴娘坐花轿。轿前有执司（旗、牌、伞、扇、灯笼、彩旗）鸣锣开道，乐人吹奏，沿路燃放鞭炮。1949 年以后，迎新渐废坐轿，近者步行，远者坐农用车；进入 21 世纪，多用小轿车迎亲，以显气派。

紧随提亲、定亲、结婚三个阶段之后的是入洞房、谢客、回门。

洞房亦叫新房。炕（床）头上有红条幅，炕上放有织布穗子（取“顺”谐音）、粮食斗、酒壶（取“五谷丰登”意）、熨斗（意“运气在头”）。新被褥上铺满核桃、花生、红枣和莲子（意“早生贵子”）。新郎、新娘吃“缘法汤”（小水饺），饮“交杯酒”。商洛人结婚讲究散红鸡蛋。新娘进入洞房后，老表、小叔子们都缠着新娘子要红鸡蛋；家中主人也向来客、邻居及帮忙者敬送红鸡蛋。

席摆开后，由主事总管安排女方这边的亲戚朋友坐上席，其他人最后入席。酒过三巡上饭时，新郎在左，新娘在右，执事人高唱：“老少外家、众亲邻友，新郎、新娘给大家行礼。”新郎叩头，新娘行拜月礼。旧时，新妇进大门和洞房时，好闹者拦道要求新妇下拜，现多是由新郎、新娘逐席敬酒。

婚后第三天，新娘回娘家住三天，谓之“邀食”，也称“回门”。其意是新娘回娘家探望，并由母亲教导为妇之道。返程时，娘家给新娘带上大蒸馍，这叫“按口馍”，意为按住公婆家人的口，不要挑女儿的刺。

至此一个流程才算完整，婚嫁酒席的习俗才算正式结束。

陕南姑娘出嫁还有两道别样风景，一是哭嫁，二是腌菜做嫁妆。

“哭嫁”，不是真悲，实是“喜嫁”，哭里带喜的“唱嫁”。所谓“哭”，并非真哭，只是用特有凄凉韵调来表达、抒发出嫁者的感情，所以叫“哭嫁歌”。

例如《哭兄嫂》：

哭一声哥也叫声嫂呀，

难割难舍骨肉同胞哟；
兄嫂待妹千般好，
为妹费心又操劳；
这大恩小妹还未报，
又得拜托二年高，
爹娘前代妹多行孝。

再如《哭迎亲》：

迎亲的来得实在早哟，
那树上鸦鹊还没回巢。
押礼先生像条牛，
走起路来慢悠悠，
有心喂你一把草，
怕你贪吃误时候。
红叶牵线吃两头，
不是冤家不聚头。

而新郎前去接亲，如此唱道：

麻雀虽小肝胆俱全，
穿戴衣帽样样件件；
虽不够如意却也不失体面，
请亲戚朋友都来观看评点！

接着新郎的父母说：

山高水长不断开亲整一年；

花红绿叶垫儿媳操心又花钱；

礼物整洁美好儿子福分不浅；

有啥不周不到请大家多多包涵。

汉中地区有句俗语："嫁妆没腌菜，女儿头难抬。"当地风俗，嫁妆中必须有腌菜。女儿长到十七八岁，母亲就开始为女儿做"嫁妆菜"。其品种越多，女儿显得越光彩。这风俗，在南郑县的南海、红茶、黄官等地，尤为讲究。

"腌菜"是陕南巴山地区的特产，味醇色泽亮，凡品尝过的人，无不为其美味叫绝。久有"开坛香十里，尝过永留味"之说。这种菜制作精细，品种较多，像春波浪、椿芽子、茴香菜、春笋等均可制作。因所有菜都不用切，捆把入坛，故又称"把把腌菜"。这种菜不仅是嫁妆必备品，也是招待宾客的佳肴。而嫁妆中最为光彩的是"腌菜酒"和"腌菜茶"。

"腌菜酒"是新婚之夜闹房仪式中的必备品。桌上摆出各种腌菜，并配有酒、糖、水果等。新郎新娘坐在一起，闹房的姑娘、小伙子围坐一圈，边吃边喝，连唱喜歌。吃"腌菜茶"，是在新婚的第二天清早。先将"陪嫁腌菜"摆好，再泡上浓浓的巴山茶，然后请亲友和双方亲属围桌而坐，喝茶品茶。同时，亲友们还要挨次歌唱助兴，如：“妹子手巧好嫁妆，什锦腌菜喷喷香；老汉吃了腰不痛，小娃吃了不尿床。妹子贤惠郎勤俭，劳动致富建家园。”

3. 丧俗

在陕南的诸多县中，关于丧俗的表现各不相同，其中最有代表性的是旬阳汉江两岸，这里的丧俗文化经过数百年的演变与发展，兼容了陕南丧俗的共同点，主要体现在以下方面：报丧、筹划过事、待职客、全席、散孝、孝子、老衣、奠酒、关殓、打太司、打井、出灵、丘坟、圆坟、服三、过五七、过百天、过头周年、过三年、三年换孝、箍墓立碑等。

在旬阳民间一带，如果人老了，特别是 80 岁以上的老人，且子孙满堂，丧事也被看作喜事，意味着圆满。

《周礼・春官・大宗伯》中说：“以丧礼哀死亡。”儒家主张“厚葬”，墨家主张“节葬”，汉武帝独尊儒术后，丧葬成为主要礼仪之一。今提倡火葬，多实行于城市，广大农村仍是土葬，叫“金地玉葬”。也叫“白事”。商洛人习俗，丧前做好棺材、坟地、寿衣和孝布四件事。

做棺材俗称“寿材”。料以柏木为佳，松木次之，还有其他杂木。枋板有四页瓦、五底六盖、八大块、十大块、十二元、十六绺等，以木质好、板块少为上品。尺寸为盖心 2.3 米，两墙 2.27 米，底 2.13 米，净空长 2.08 米，大横档高和宽 0.6 米，小横档为 0.47 米。用料厚薄一般为盖 16.7 厘米、墙 13.3 厘米、底 10 厘米，也有薄的，但不能小于 6.67 厘米。棺材做好后，里外用土漆漆好，名叫“响堂子”；在横头上刻“寿”字，或“龙图”“凤莲图”，涂上金粉。许多地方把做棺材叫“交粮”，女儿女婿必重礼祝贺，亲朋好友亦来贺喜。

商洛人自古实行土葬，葬前请风水先生看风水，观穴定位选坟地，定吉日动土。穴位有莲花穴、龟穴、金钱吊葫芦穴等，各穴均避水、路、树。坟地方向坐山对山，不对乱石乱山。以坐山为主，对山为宾，护山为次。墓有单墓和双墓。有些地方把建墓叫“盖房”，女儿女婿亲朋好友前来祝贺。新中国成立后，政府虽大力提倡火葬，但农村仍多土葬，故建墓习沿。

寿衣俗称“老衣”。绸缎细布不论，单棉件数三或五，必为奇数，多不过九。常备者多为七件，其中必有一件棉衣。男为长袍短褂，女为衣裙钉飘带，不钉纽扣，以避“扭子”谐音。缝制时，殓单布、铭旌布、被子、褥子一同准备。

治丧时，孝子穿戴必是一身白，女衫一丈，男衫八尺，女帽七尺，男帽五尺，重孝子披麻戴孝。老人在世时，就将孝布备好，过世后发给孝子们穿戴。此俗现多简化，有的臂戴黑纱、头系白布条。

做棺材、建墓、缝寿衣，多是儿女们商量好后，在闰年的闰月操办，意在增寿。也有分次办的。

治丧有以下环节：

老人殁后，先烧儿女准备的9斤14两（老秤）火纸，名为“倒头纸”。再给逝者剃（洗）头、浴身、整容、修面（女为梳头挽髻）、穿衣，并放一枚铜钱含口中，后再设灵堂停尸，头向外，脚向里，停尸中堂，以防“走尸”，谓“寿终正寝”，亦称“小殓”。堂前挂一白幔，上悬一面镜子，下设灵牌，灵牌上书“故显考（妣）父（母）亲大人之位”，堂前供献“倒头汤”一碗，两侧置纸制童男童女，堂后置长明灯一盏，香烛献祭等祭品如常。有些地方，还有出嫁女儿为父母“摆盒子”供于灵前。盒子有用彩色油面、蔬菜、肉做成的各种人物、花卉、鸟兽、鱼虫，如“八仙过海”“唐僧取经”等。门上贴纸，以示居丧。儿女披麻戴孝，穿孝衣麻披，戴孝帽，用麻线系两颗棉球于眼前，意不观邪色，不闻邪言，专心守丧。女孝子坐在尸床两侧，称“坐草铺”，吊丧者来，即动哭声。男孝子轮流跪于灵前两侧“支丧”，向吊丧者叩头。男孝子烧纸，边烧边哭，烧完停声。后男女孝子到十字路口烧纸和纸轿。

停灵后，即贴丧联，出门牌、告牌，谓之“发丧”。门牌写亡者生卒时间和死亡原因，告牌即告示，男写“大德望”“寿终正寝”，女写“大过壶范”“寿终内寝”。门牌、告牌一般由女婿外甥具名书写。父死落款为“孤子”，母死为“哀子”，父母双亡写“孤哀子”。公职人员死后以“讣告”代之。一面择吉日准备安葬，一面派次辈族人向亲友报丧。一家一份礼，一包糖、两把挂面。死者是男请外家，死者是女请娘家。

铭旌相当于今之悼词，是歌功颂德的四六骈文，用泥金胶写于七尺红绸上。下葬时，盖在棺木上一同下葬。做铭旌楼是商洛特有之俗，“四皓”之遗风，共三层，高 4.46 米，0.67 米见方，铭旌镶在其中。

门牌、告牌一出，亲朋好友便为吊唁，赠送香、纸、吊幛、挽联、花圈及粮食、金钱等。吊唁期间，男女孝子必须守灵，跪接吊唁者，谓之“陪叩”。停尸吊孝少则三天，多则七天。

入殓即进棺材。时间在葬日前一天，外家或娘家人来后，重孝子均在场方能入殓。由阴阳先生主持，先用草灰打包填棺底，周围置柏树叶，系丝麻，寓“后辈长青，丝麻不断”意。并在棺木四角放银币或四枚制币，然后用殓单布（或丝绸）裹尸入棺，周围用草木灰包填尸不实之处，脚底顶一块方曲，口含铜钱（古代含贝、珠、玉等），曰“含服之礼”或“含殓”。一切就绪后盖棺，谓之“大殓”。此时，儿媳妇抹棺，孝子停止号哭，阴阳先生操办完毕，死者的舅家人和孝子向遗体告别，钉紧棺盖，垫高升起，意超度亡灵。死者的舅家人将女儿戴的长头孝改为短头孝，称之“收孝”。是晚，亲友邻居送纸，烧香叩头，谓之“守夜”。并请乐人奏乐，致祭。先一一献祭品，后由孝子依次跪灵前焚香奠酒，有钱者则请僧道超度。

打待尸、唱孝歌是“下湖人”的祭祀习俗。人死当晚，由几个人敲着锣鼓，围棺材边打边唱，通宵达旦。唱的歌有两种，一种是悲调，催人泪下；一种是喜调，对亡者家属进行安慰，歌调有规，也可现编。

陕南孝歌也叫挽歌，是陕南民间丧礼活动中以彰显孝贤为主要内容，一人及多人走唱或坐唱式清唱，并配以锣鼓间奏的丧俗演唱形式。其源可溯至春秋战国。

现流行的孝歌形式源于明代天启年间官迁至陕南的湘、鄂、川籍移民，流传在汉中、安康、商洛三市各县。

丧礼孝歌有三个程序，即“开路歌”“唱孝歌”“还阳”。孝歌的基本唱腔有“三起头”和“正板”两部分。“三起头”是七言三句的开头歌段，“正板”是七言多句，曲调是“三起头”首句韵重复和变化重复。

伴奏乐器只有一锣一鼓。伴奏锣鼓段分为“起唱锣鼓”“中间锣鼓”（如［一阵雷］）和“段尾锣鼓”（用［三阵雷］：唱腔中以鼓帮击节）。

唱词词格多为七字句（韵诵有七言、五言、长短句不等）。代表曲目有《十二孝》《二十四孝》《父母恩情难得报》《十二古人》《三十六古人》《三十六朝纲鉴》《包公断案》《曹安杀子》《五更哭》《五更单身》《丈夫一命归西天》等。

出殡时，男女孝子穿孝衫、围孝裙、戴孝帽，拿柳木棍上裹白纸条的“哭丧棍”，抬棺人将棺抬起（谓之“起灵”），众孝子号啕大哭，亡者长子（或长孙）摔孝子盆，送丧队伍前一老者提五谷斗，拿引魂幡、招魂钱开道，沿路掷撒火纸片，叫“引路”，其后为乐队和执童男童女、金山银斗和挽联、花圈等的仪仗队，再后是 12 人所抬之棺木。山阳县岭北俗，棺上系一白公鸡，称“引魂鸡”。男孝子在棺前拉纤，女孝子在棺后哭送，沿途鼓乐不断，并不时燃放鞭炮。灵柩在路上须停几次，其数可单不可双，如一、三、五次。至墓穴后，先由长子填撒所破之土，后由丧夫培土成冢。阴阳先生高喊“天圆地方，律令九尊，五谷丰登，子孙兴旺”等话后，下葬封墓。

灵柩入葬后，孝子将亡人灵牌捧回，在祖先桌旁另设灵位，或买一纸做灵屋，将灵牌放在其中，每七日一祭，“七七”或“满百日”，将灵屋送至坟前烧掉。

葬后一连三晚，亡者子孙于墓前、墓旁燃三堆火（点燃“坐草铺”时用之草），名曰“打怕怕”。第三天为“复山”日，孝子给墓上培土，砌坟头，整理陵园，栽植松柏，谓之“全坟”，在镇安县叫“圆坟”。

死者亡日至第七天为“一七”，共七个七，四十九天，称“祭七”。每逢七天均祭灵，重服孝子均到坟地祭奠。

旧时，在亡灵百日之内，孝子非常哀痛，故不理发，不洗脸，不洗澡，不洗衣。百天解祭，重孝脱去长衫，用水清洗，谓之“洗孝”，此仪今已废除。

过头周年、二周年只限于重孝子奠礼，过三周年特别隆重。三周年的前一天当丧事过，当日当喜事过。请乐队，办酒席，屋内外换上红灯、红对联，迎亲谢宾，亲朋好友带上礼物前来祝贺。旧规，服孝期间，三年不贴红对联，头一年不参加娱乐活动，不办喜事，三年孝满除孝服，换牌位。

4. 节日习俗

古代至民国时，汉中诸县于立春日，雕塑一头土牛（民间称春牛），立于县城东郊，并举行隆重的迎春仪式。由县令主持，先祭祀土牛，然后擂鼓三声，众民持彩杖鞭牛，俗称“打春”。县令（长）扶犁做耕地状，犁三圈，然后扛犁四乡游行，劝农民开始春耕。城固、洋县、佛坪等地，或用竹丝扎制土牛，上糊色纸，如牛大小。当抬土牛游行时，人们夹道欢呼，向土牛抛撒豆麻五谷，祈盼丰年。待土牛被击碎，纷纷抢土块入圈，以期槽头兴旺。一能说会唱者担任春倌，唱春词，内容为期盼五谷丰登、四季平安等，散发春帖（刻有二十四节气及农历），名为“说春”。是日，农夫喜晴，农妇用青绸剪缝小燕、蝴蝶插头或互相赠送，表示春临人间。此俗民国时渐废，今仅存说春、送春帖遗风。

打春

春节俗称过年，民间对过年尤为看重，节前半月就做准备。杀猪宰羊、缝制新衣、打扫房舍，置办过年肉、菜、果品及祭祀之物；除夕日贴春联。农历正月初一开始过年，清早，焚香拜祖，举家欢娱，并连续几日下午上坟祭奠亡故亲人。从正月初二起，开始走亲访友，互拜新年，往来中必馈赠新年礼品，并向小孩发压岁钱，直到元宵节结束。初一至初三不向外倒垃圾，意为不把一年之财倒出去。

扫五穷

正月初五称为“破五”。旧时，汉中人素有“黄道日”的崇拜和“黑道日”的避忌之俗。每月初五、十三、二十四，被认为是不吉利的日子。正月初五为全年第一个晦气日。人们希望摆脱“五穷”（智穷、学穷、文穷、命穷、交穷），得到“五福”（福、禄、寿、喜、财）。此日正午，由五名青年，装扮傩戏，挨门排户扫瘟驱邪，称“扫五穷”。洋县较盛，常由聪慧的少年儿童扮成一对门神和福、禄、寿三星，还有财神、土地、张天师等，另一女童扮清扫神（称为毛女），手拿小扫帚及小簸箕，在欢快锣鼓声中随其他诸神入户扫穷。主人以厚礼酬谢。城固县把“破五”理解为“泼污”，意为此日将家里的“污秽之气”像水一样泼出去，含有驱瘟祈福之意。原公、宝山一带，初五早餐吃面片子，当地称“吃补丁”，流传“正月初五吃补丁，免得当年塌窟窿（即借外债)”的民谚。

正月十五，又名“灯节”，俗称“过大年”，城乡演戏、耍灯，表演采莲船、高跷、龙灯、狮子、社火、竹马灯并放烟火等。元宵节之夜热闹空前。一般由正月十三开始，演戏三日三夜，至十六日送灯结束。演戏内容以表现吉祥如意为主，有些地方的腰鼓队、秧歌队等表演“鹬蚌相争”“拉驴上板桥”。旧时新婚之妇要回娘家躲灯，元宵节后回家，此禁忌今已无。此日傍晚，先去祖先坟茔插蜡烛放灯，再在家门两侧及大小门口都插蜡燃烛，院屋一片灯光，表示祖辈人光明磊落。有的到佛教寺院和道观朝山拜佛。城固、洋县、勉县等地的较大村镇，还在大小庙门口置放“灯伞”(又称火树)，状若宝塔，上下通明，十分壮观。此俗今已无。该节一过，过年活动结束。

灯伞

二月二又称“春龙节”，俗谓“二月二，龙抬头”。大地解冻，天气渐暖，农民开始春耕，百虫开始苏醒。祭祀春龙，举

引龙回

行各种“引龙回”的仪式，含有“酬龙祈雨，保佑丰收”目的。城固、洋县、南郑、西乡农村，此日农户“打灰簸箕”，在房庄周围撒灰为界，歌曰：“二月二，灰簸箕，虫虫蚂蚁飞过去！”同时炒苞谷花、米花、豆芽和荠荠菜，意为把蝎子、蚂蚁等害虫炒死，保障五谷开花结实。旧时城固以北农家，此日不担水、扫地、锄田，认为从井里取水会惊动龙的静卧，扫地扬尘会损害龙的眼睛，锄田会碰伤龙的鳞甲，今已无此俗。

清明节又名鬼节、冥节，扫墓祭祖。节前上坟，上新坟在惊蛰前，上老坟在春分与清明之间。昔日上坟祭扫仪式由宗庙举办，邀同姓户族至坟茔祭祀祖先之墓后，围地野餐，倾壶而尽，谓之饮福，今无。在青冢上压纸或在陵园荆柏枝上挂纸，表示对祖先的怀念。同时培土修坟，整饰墓碑。亡魂异乡的人家清明日只在野外道旁焚化纸钱。而今，城镇居民在清明日前两三天，于道旁焚化纸钱，为远在异乡的亡亲致祭。机关、单位、学校在此日拜扫革命烈士墓，缅怀先烈。

农历五月初五，又称“端阳节”“蒲节”或“天中节”。早晨各家在门上插艾草和菖蒲，煮鸡蛋、大蒜、粽子，饮雄黄酒，用雄黄酒汁涂抹耳鼻孔，以防飞虫侵入。洋县、西乡等县，农民清晨剪红纸人（隐喻火神祝融）贴水缸周围，祈免火灾。城固、洋县、勉县、南郑，端午日男女小孩喜拴百索，戴香包。学生向老师、未婚夫向未婚妻、父母向初婚女儿送礼品，表示尊敬、亲近，称为送节。

火神祝融

六月六雅称“天贶节”，俗谓“六月六，晒绿绸”。此日如有烈日，富裕人家曝晒皮货、毛衣、轻裘、袍褂及绸缎、衣裙等；文人晒书，寺庙晒经，据说这一天晒过的东西不生虫。汉中、城固、洋县、略阳炒面茶，将上等面粉炒黄存放起来冲开水喝，称面糊茶，是夏令的最佳早点食品，可防受热中暑。儿童戴“麦索”：将麦粒在水中泡胀后，用红丝线一粒粒穿起，戴在小孩脖颈和手腕上，祈盼四季无病，今无。

农历七月七日之夜，俗谓牛郎与织女相会。农村姑娘常在七夕“乞巧”，想趁牛女相会之机从织女那里得到智慧，学得巧手，故此日亦称“姑娘节”或“巧女节”。旧时城固、洋县一带，三五结伙的姑娘们于此日中午把“巧芽”（豌豆芽）投入水盆，置于太阳下观看水里的影子，谁的巧芽影子像针、剪、花、鸟、虫、鱼，谁的手必定很巧。勉县、南郑的姑娘们，在月光下比赛用彩线穿针孔，准而快者手必灵巧。此晚，私塾学子祭祀魁星，在书馆摆设香案，陈列茶点、果品，向魁斗星君虔诚叩拜，祈请魁星（文曲星）保佑登科中考。乞巧节俗今已无。洋县农村旧时，人们于傍晚在十字路口烧鸡蛋，画家中小孩名字或符号，视熟蛋黄之形状，辨定该小孩之病状。于每晚入睡时，呼小孩名字“叫魂”，以示把走失之魂唤回本体，不再生病。此俗20世纪60年代后即无。

七月十五日，俗称“放饿鬼”。傍晚，为亡故外乡的亲人烧纸祭奠，农村在院场边烧纸，城市在野外路边烧纸。汉中寺院每三年于此日办“盂兰盆会”道场，放河灯为道场活动之一。城固柳林铺七月十三至十五日，由船桥会联合当地寺院举办祭祀河神的放灯道场，历时较长，仪式隆重。将数以千

地藏王菩萨

计的小木碗装黄蜡点燃投入汉江，顿时漂漂荡荡，满江一片星光。沿江观灯者络绎不绝，直至灯远隐灭始归。放河灯之俗已绝迹，今仅于此日为亡人焚纸祭奠。

八月十五日，俗称团圆节。此日外出者尽量赶回家，与家人团聚；姻亲和至亲馈送月饼等礼物。入夜，旧时在院内设香案，摆上红枣、核桃、柿子、黄梨、白藕和月饼之类，拜月食果啖饼。

农历九月九日，又称“登高节”，为人们登高、插茱萸、饮菊酒、吃菊糕的节日，今已被定为“老人节”。在宁强、略阳，人们重阳之日用白面蒸菊糕，嵌以石榴子、板栗、银杏和松子仁，相互赠送，谓之“药糕”，普治百病。在城固县，人们于此日喝辣酒，酒内投入茱萸（俗称树辣子），酒味辛辣，有镇痛、顺气之功效。旧时原公镇登高之风尤盛，文人学士争相登攀斗山、庆山，吟诗作乐。当地至今还流传着“九月九，喝辣酒，三三两两上庆斗”的民谣。

九月九日忆山东兄弟

农历十月一日，俗谓“十月一，送寒衣”，为亡故亲人送过冬衣物，在坟茔前（城市则在野外路旁）烧纸送“钱”并焚化用纸做的衣服鞋帽等。

旧时各户族同姓同宗者推选家长代表至宗庙、祠堂集聚，以三牲、酒醴、果品及饭食列供于祖先牌位之前，烧香、燃蜡，三叩九拜。有些大户族还为祖先唱大戏、行祭礼，三日方休。今无。

农历十二月初八日吃“腊八饭”，多是由糯米、豆类、萝卜、花生、豆腐丁、栗枣和肉丁凑成的杂粥，味香且富有营养。并用腊八粥喂牲口、家禽或涂抹果树杈，口里念“大树小树吃腊八，明年多结大疙瘩（果子）”，以“腊祭”祈祷来年五谷丰收、六畜兴旺、果实繁茂。

腊月二十三日傍晚，家家户户在灶台上摆满糖饼、糖果，点香燃烛跪拜，然后换贴一张新的灶王爷画像。俗传这一晚灶王爷要去天宫向玉皇大帝报告主人家的善恶言行，主人为了讨好灶王，为其备红鬃快马（以红公鸡象征）一匹，期望灶王“上天言好事，下界降吉祥”。此俗今无，唯于此日彻底打扫室内外卫生，俗称“扫舍”。

腊月冬至后，人们准备年事，迎接新春，春倌（民间艺人）走村串户，向农家送春帖报春。春倌两人一行，手拿木雕小春牛，以及彩纸印刷的二十四节气表（俗称“春帖”），挨户向主人唱春词，即兴自编，人称“说春”，祝主人吉祥如意。语言生动风趣，通俗易懂，群众喜闻乐听。然后向主人赠送一张

春倌说春用的木牛

春帖，收取少许报酬，再走第二家。因这种说春活动与农事密切相关，多受欢迎。南郑县，城固县高坝镇、许家庙镇，留坝县玉皇庙镇，春倌所到之处颇受欢迎。汉中电视台录制的南郑说春活动，曾在全国民俗乡情文艺节目大赛中夺得头奖。

除夕之晚，祭祖，贴春联、贴门神（秦琼、敬德或财神画像等），以为喜庆及“驱鬼祈财”。农民还在屋内贴年画，城市人家近年喜欢在门上贴一倒写“福”字。农家老人把炭火烧旺，喻示来年红火。全家围火而坐说古道今，或共商来年农事，谓之“团年”“坐夜”。老年人常坐到天明，所谓“除夕坐了夜，来年腰不疼、腿不酸”。旧时，有的在院子里栽一根高柱，升灯至顶，称为“天灯”，迎接喜神（财神），接引喜神入户，不误入别家，今无。守岁中吃年饭、捏元宵（汤圆）。南郑、勉县、镇巴除夕之夜张灯结彩，直到正月十五灯笼不灭，象征光明永驻。近年除夕夜举家看春节联欢晚会，至零时整竞放鞭炮（汉中市区已禁止）。

一年之中，尤以春节、端午节、中秋节最受重视，其他节令、节日只是各随习惯而进行相关活动。

5. 民俗趣谈

农忙的水稻插秧时节，陕南的庄户人家也请帮手帮工，类似于陕西关中的“麦客”，在陕南称之为“秧客”，多来自山中，由主家招待食宿，插完秧付工钱。为鼓励和慰劳“秧客”，主家担米酒至田坎，让插秧者享用。各户轮流换工插秧，酒席款待。1949年后，随着农业合作化的进程，这一习俗也渐渐消失了。1979年后土地实行家庭联产承包，“秧客”又出现了。

秧客

抢花灯的习俗：在元宵夜看花灯的时候，一人将花灯抢走，放入自己家中，接下来就是“接灯”“拜灯”仪式，将灯挂入闺房。然后是百日“守灯”。相传，妇人若有孕，必于妊娠期每日“看灯”一时辰。“看灯”期间有许多讲究，也许这就是“胎教”的起源吧。同时，还要进行的一个程序是：婴儿出生后的第一个元宵节，持灯的人不可忘记“还灯”，即自制24盏或48盏花灯供村人赏玩。陕南有趣的习俗不胜枚举，还包括：

把嫂唤作姐 在陕南的农家，外地人去了心生疑惑，分明是媳妇，可家里年小的弟妹都叫她“姐姐”，不叫嫂子，这是为何？原来，之前陕南人只把谈婚期间的嫂子称作姐，待到新媳妇过门后就改叫嫂子。现在，随着日子越过越红火，人们的家庭观念也发生了变化，弟妹们把嫂叫作姐，认为这样更亲切些。时间久了，大家觉得这样称呼更加有利于家庭和睦。于是就渐渐形成了一种习俗。

吃剖膛　陕南山区的山民们，不论谁家宰杀了肥猪或是猎获了较大的野物，便要请邻居朋友来吃剖膛。这吃剖膛以肉为主，那肉片切成如木梳大小，足有一指头厚，或焖或煮，并无多少蔬菜搭配。只洗净成筐土豆，煮好后用大盆盛起，放在院落、碾盘或树疙瘩上，由客人或蹲或站围着去吃，那酒是成桶的自酿的苞谷烧。只见那男男女女吃肉如吃豆腐，喝酒如喝凉水，吃得嘴角流油，喝得满脸通红，外人见了无不咋舌。

汉中滑竿　汉中盆地位于秦岭和巴山之间，除汉江有船可行外，一般山区交通很不方便。因此，旧日流行一种载人的工具——滑竿。滑竿主要用两根竹竿和竹篦麻编成，以麻绳结扎，宽 60～70 厘米，长近 3 米，形似担架。通常滑竿中间扎有凉椅，客人可半坐半卧。天凉时可铺软垫，避雨遮阳可撑篷伞。过去在汉中城乡还有专门以抬滑竿讨生活的脚夫。抬滑竿是一种行当，无论起步、上下坡、拐弯、落脚均有行话，前呼后应，像劳动号子一样。呼语和应答用语简短通俗，有韵有趣，脚夫通过呼应配合行进，同时可以减轻疲劳。客人坐在上面也不觉害怕和寂寞。如今，滑竿的作用没有消失，山区一些人家仍用它抬伤残病人。近年来一些山区旅游点也备有滑竿供游人乘坐。

抬滑竿

乔迁之喜　“乔迁”一词来自《诗经·小雅·伐木》：“伐木丁丁，鸟鸣嘤嘤。出自幽谷，迁于乔木。”翻译成现代的话是：“砍起树木丁丁响，林中小鸟嘤嘤唱；小鸟本从深谷出，飞来住到大树上。”在汉中市，亲朋好友贺搬迁时往往带着围鼓、丝弦坐唱助兴，同时向主人赠送对联、单条、茶点等礼品。单条内容多是即兴编写的诗词或顺口溜，写在大红纸上，张贴在室内，活跃喜庆气氛。

石泉龙灯　狮子和龙在石泉民间被人们尊为神物，是具有灵性和神力的吉祥之物，具有辟邪镇妖的特异功能。在春节期间所玩的狮子龙灯所代表的更不是一般普通的狮子和龙，狮子是南海观世音菩萨座下的神狮，龙是东海龙君。春节玩灯时，必须将事先扎制好的狮子送到当地观音寺请高僧为狮子诵经，名曰开光。只有开光后的狮子才会具有灵性。而扎制龙灯时，就更有讲究。第一年扎制的龙，类型必须是青色，不留须；第二年为青黄色，留短须；第三年扎制的龙必须是黄色，留长须，视为老龙。玩灯前，先将龙灯送往汉江边，请高僧为龙做“道场”，谓之“请龙”。第三年扎制的老龙，春节玩毕后，须把龙体送往汉江边火化，谓之“送龙归天”。石泉玩狮子、龙灯的讲究颇多，舞狮和舞龙的艺人事前均颈系红巾（红绸或红布条均可），以示和其他民间社火的区别。同时绸龙在白天玩，火龙则在晚上玩。石泉玩狮子讲究“烧花”。这种“花”，也就是现在的礼花，是用硝、生铁末、柳木炭等原料配制成药，装入竹筒、棕筒或纸筒中，中心有一根火药捻。当晚上狮子到来时，主人家便鸣炮迎接，狮子随着热烈的锣鼓点儿摇头摆尾舞动起来。玩狮子通常是在大街场院宽敞地带，石泉人春节玩狮子龙灯的盛况，至今仍为不少人津津乐道。

投石乞子　宋代吴淑《事类赋注》石部注引中载文曰：“乞子石，在马湖南岸，东石腹中出一小石，西石腹中怀一小石，故僰人乞子于此，有验，因号焉。”民俗学上称为“投石乞子”

或“投石求孕”，这也是陕南民俗中的特色之一。在陕南的汉阴、汉滨、紫阳三县区交界的地方，有一旅游胜景叫“擂鼓台”，主峰擂鼓台海拔1 800余米，其峰顶建有真武庙，在真武庙下殿东北角山崖下有一石凹，许多青年男女来到此处崖上烧香焚纸，叩头祈祷，然后在山崖上寻拾一小卵石，对着崖下石凹（打儿窝）抛掷，希望能一投而中——据说此为“得子”“求孕”吉兆。

6. 春倌说春

春倌说春是陕南民间独特的说唱艺术之一，也是较为古老的一种民间曲艺形式。根据史料记载和民间传说来分析推测，基本可以判断：“春倌”的由来应源于春秋战国时期王室中的“春官”。“春倌”本是“春官”在各地民间的派生、演化和流传，再结合本地方言土语、音乐歌谣及乡风民俗，经过漫长

春倌

岁月的演变而逐渐形成的一种独特的民间说唱艺术形式。

流传至今的陕南民间的春倌说春，是指在每年的农历十月至春节期间，说春艺人手执木雕春牛，肩背褡裢，内装春帖，走乡串户，每至一家门前，即唱歌报春。目前，春倌活动的地区主要在陕西的汉中、安康和川北、陇东的部分地区，大约覆盖了30个县约1 000万人。经过2 000多年的演变，春倌说春已形成了独具地域特色的文化现象。

说春歌词多为五言、七言句，见景生情，即兴说唱。内容大多为祝贺吉祥、节气时令的农事、宣扬礼义廉耻及孝道等。如《说孝道》《说鲁班》《说药王》《说二十四节气》等等。唱后赠春帖（一种自制的板印帖子）。春帖的内容主要有天象历法、黄道吉日、节令气候、十二生肖等。主人多以钱、米相酬。

陕南民间的说春艺人数南郑县最多，流传最广泛、久远。新中国成立后，南郑民间的说春艺人依然十分活跃，在他们说唱的春词和编印的春帖中，增添了宣传党的时政方针和国家政策法规等方面的内容。尤其在党的十一届三中全会后，南郑民间春倌说春又兴盛起来，他们在春词和春帖中增加了许多新的内容，如宣传农村土地联产承包责任制、宣传婚姻法、宣传计划生育、宣传勤劳致富和科学种田等等。据《南郑县志》记载，从1979年起，县文化馆每年都召开春倌会议，审阅所编唱词，提高春帖排印质量。又于1983年起，成立了南郑县说春宣传管理委员会，1986年全县春倌交由新集文化站管理，每年农历九月十三日定期举办春倌培训会，统一颁发由管委会审核印制的春帖，确保内容健康。此时想做一名春倌亦非易事，需由本人书面申请，经村委会、乡政府同意盖章，再由县文化馆审批后发给宣传证，方可按划分地域说春。当时全县发给宣传证的民间说春艺人有62名。

春倌说春不受场地限制，不需要乐器伴奏，单人表演或双人对唱。有说有唱，说唱兼备，可即兴编词，现场演唱。春倌根据不同的场景、不同的行业、不同的对象随口编词演唱，因此能和听者紧密联系，交流情感。如巧遇嫁女或娶媳，说唱的春词就十分喜庆。语言风趣诙谐，明白如口语，合辙押韵，易懂易记。能随时代的发展添新词换旧词，存优淘劣。

第二节 宗教

陕南现存的宗教主要有六个：儒教、佛教、道教、伊斯兰教、基督教、天主教。各种宗教在陕南地区均有信众，历代各县、府、厅的地方志对这些宗教信仰的特征以及民众信仰的大致情况均有记载。《西乡县志》：“延僧，诵经超荐；家祭诸礼生行三献礼，情文兼至……缙绅家婚丧多尊朱文公家礼。民性敬鬼神，信因果。儒、释、道三教并盛。巫教次之。清季始有天主、基督二教，教民循谨，与世无争。伊斯兰教徒亦和平好礼，回汉情谊雍睦。”从中可以看出西乡县宗教的历史分布以及不同宗教在民众中的影响及其相互间的关系。值得注意的是，县志提到了“巫教次之”，说明在西乡县除了常见的六大宗教以外，还有其他地方性的信仰存在。

1. 儒教

儒教也称孔教、名教、礼教或先王之教，又指儒家学派。中国历史上把孔子创立的儒家学派视同宗教，与佛教、道教并称为三教。《晋书·宣帝纪》：“少有奇节，聪朗多大略，博学洽闻，伏膺儒教。”《梁书·儒林传序》：“魏、晋浮荡，儒教沦歇，风节罔树，抑此之由。”唐王维《和仆射晋公扈从温汤》：“王礼尊儒教，天兵小战功。”儒教是以孔子为先师，圣人神道设教，“祖述尧舜，宪章文武”，倡导王道德治、尊王攘夷和上下秩序的国家宗教。儒教以十三经为宗教经典，以古代官僚机构为宗教组织，以天坛、宗庙、孔庙、泰山为宗教场所，以郊祀、祀祖、祭社稷、雩祀、释奠礼、五祀为宗教仪式。而狭义上则是指民国初年以来康有为等人的孔教运动。儒教是中国传统的国家宗教，也是中国传统文化的神经和灵魂。由于中国传统文化五千年未曾中断，儒教在数千年的演变和发展中也未曾中断。儒教主要是政府祭祀典礼的重要内容。其目的恰如《山阳县志·典礼志》所言："凡所以广教化,美风俗者，纤细无遗。况祷祠。祭祀，供给鬼神，以及班朝莅官、官学师事之大者乎？古入官必求不负吾君、不负吾民，使非设诚致行，则皮之不存，毛将焉附？"政府祭祀主要有社稷坛、文庙、关帝等。儒教的民间信仰主要是一些礼俗仪式上。

孔庙

具体包括：

冠礼。儒教冠、婚、丧、祭四礼之一。《礼记》"冠者礼之始也。"冠礼也就是成年礼，一般十五岁戴冠。过去多为缙绅家所重。是儒教重要的教义形式。

婚礼。儒教重要的礼仪形式之一。《礼记》："昏礼者，将合二姓之好，上以事宗庙，而下以继后世也，故君子重之。"《周

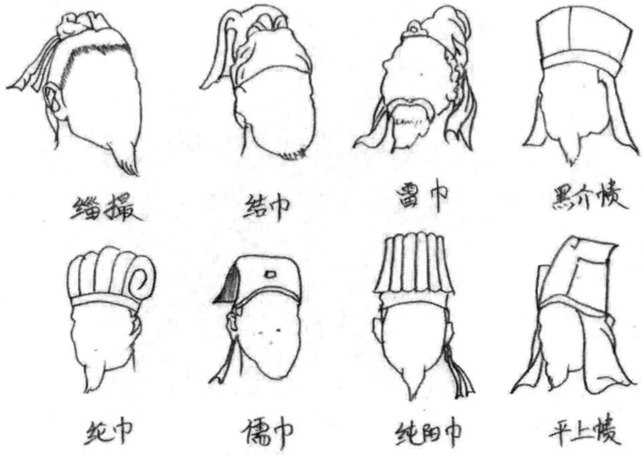

冠的类型

易·序卦传》:“有男女然后有夫妇,有夫妇然后有父子。”作为宗教与民俗共通的婚礼,陕南地区各地基本都遵从礼制规范而略有变通。《续修南郑县志》称:“婚礼六礼仅存其四。”《白河县志》称:“地瘠民贫,人皆简朴,婚礼以布帛通好,居丧以哀恸为先。”《重修略阳县志》云:“婚丧有礼,男女别嫌。”《洋县志》记载:“婚视贫富为厚薄。”《宁羌州志》:“婚姻论门第,不论财礼,必亲迎奠雁,似有古风。”从以上记录,可见陕南各地对儒家礼法的自觉信仰。

丧礼。是儒家养生重死的重要仪式。陕南地区极为重视丧礼。《洋县志》:“丧祭有礼,或事浮屠,而奠酎哀戚不易。”《宁羌州志》:“丧礼裂帛为礼”。丧礼是陕南民间最为重要的礼仪之一。这种礼仪仪式各地大同小异。

祭礼。古代祭祀或祭奠的仪式。《礼记·檀弓上》:“祭礼与其敬不足而礼有馀也,不若礼不足而敬有馀也。”

儒教在教义上没有明显的条文措施，组织上没有专门的结构形式，也没有专门的传教人士。但由于其属于本身的特性，儒教的各种仪式形式已经化为民俗。

2. 佛教

传入汉中时间无考。本地大多寺庙属佛教净土宗及禅宗的临济支宗。据出土文物记载，汉中城西 5 千米处南郑县龙岗寺遗迹中出土有南北朝时期佛僧用物。

唐代，佛教在本地区盛行。据史料记载，汉中城东关有净明寺；贞观年间（公元 627 年—公元 649 年），南郑建打钟寺、莲花寺等；勉县高僧法融禅师建崇庆寺（牛头寺），被誉为“剑外丛林，唯此为盛”。城固建大安寺、东高寺、西寺东寺（今杨侯禅院）、嵩山寺、惠香院（宝山寺）、龙头寺和安乐堂，其中大安寺为当地最早的佛寺。西乡建普贤寺、开元寺。略阳在开元年间（公元 713 年—公元 741 年）建灵岩寺，随后建枇杷寺。洋县先后建有智果寺、朝阳寺（广湘寺）、法轮院（开明寺，今塔存）、礼泉院（礼泉寺）、崇法院、普泽院（涌泉寺）、池南寺（在前湾乡）、延良寺（在倪家乡）、白雀寺、大觉寺（在黄安镇）、浮石寺等，其中崇法院在仪凤年间（公元 676 年—公元 679 年）建，因高僧法照禅师在此修行得名。法照，姓张，洋县人，佛学精深，首倡念佛法门，为净土宗第四代祖师，唐德宗拜为国师，宋编《高僧传》有其传。

五代至宋时，南郑梁山上的乾明寺有房舍千间，地产百顷，每年内外斋僧不下十余万，后蜀广政年间（公元 935 年—公元 965 年），有新罗（今韩国）僧曾驻此修行。西乡建有弥陀寺、蒿坪寺、观音寺、洋水寺、广庆寺。南宋绍定二年（公元 1229 年），镇巴建蒿坪寺。洋县修葺智果寺等寺院，又建黎家寺（东升寺）、石羊寺、海山寺、天宁寺、镇江寺、龙泉寺、高原寺、广济庵、鸿雪庵、甘露庵、白衣庵、准提庵等。景定二年（公元 1261 年），洋县建宫殿式结构的良马寺。宋《五灯会元》载宋代汉中佛寺有龙穴山（洋州）、中梁山、青锉山、牛头山、普通院、玄都山。宋《太平广记》中记载有兴元西墅蓝若等寺院。

明洪武十六年（公元 1383 年），汉中城内南大街建万寿寺；十八年维修东关净明寺。弘治年间（公元 1488 年—公元 1505 年）建云峰寺。嘉靖年间（公元 1522 年—公元 1567 年），南郑建圣水寺。嘉靖四十五年（公元 1566 年），城固有佛教寺、庵、堂 19 处，院 14 处。万历年间（公元 1573 年—公元 1620 年），西乡建关龙寺、狮驼寺等。勉县的临江寺、柏林寺、万寿寺（今塔存）、金华寺等也建于元、明两代。

清康熙三十三年（公元1694年），洋县存寺、院、庵60多处，光绪二十三年（公元1896年）仍存31处。康熙五十六年（公元1717年），城固存寺、庵、堂35处，院17处。光绪五年（公元1879年），定远厅存佛教寺院46处，主要有清净寺、回龙寺、铁佛寺、宝山寺、弥陀寺、仁寿寺、福庵院、觉皇庙、宝珠庵等。各县佛教寺院详见明清《汉中府志》及县志。

民国初期，本地因战乱，寺庙被毁、挪占比较严重。抗战时期，本地佛教寺院多被内迁学校、驻军占用，有的成为难民

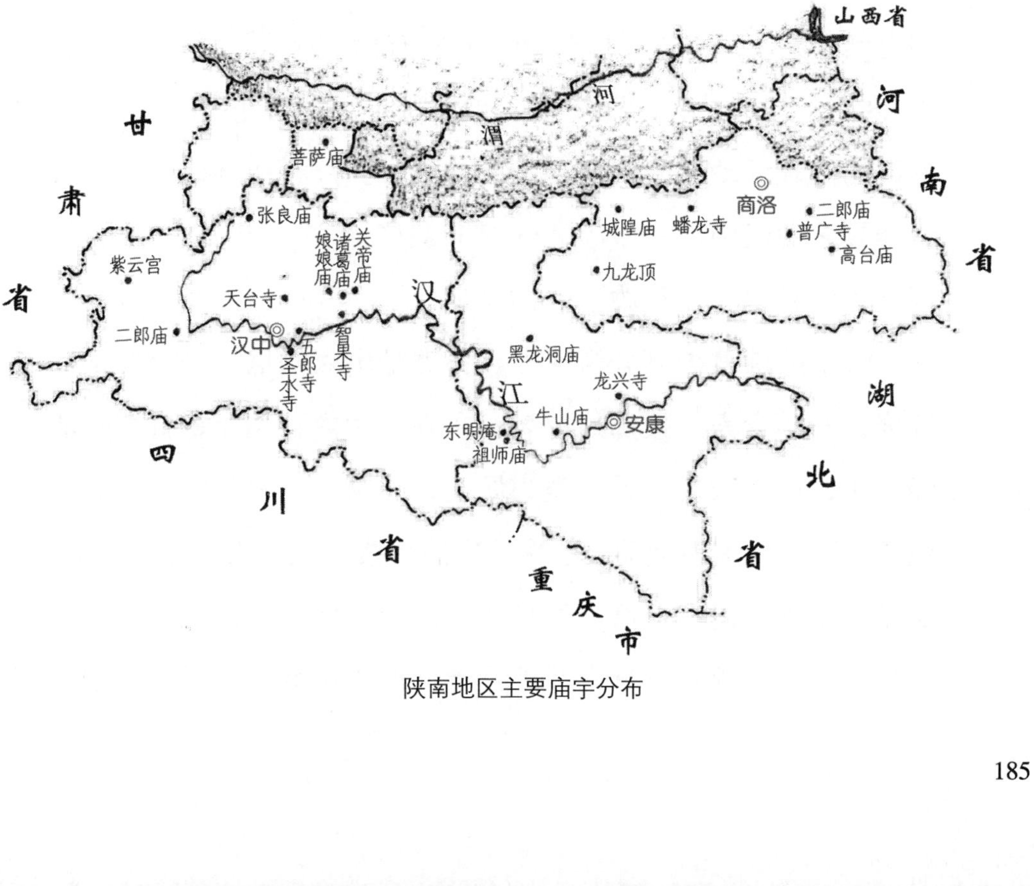

陕南地区主要庙宇分布

的栖息地，一些僧、尼还俗。民国三十年（公元 1941 年），西乡有僧、尼 405 人；民国三十四年，南郑有僧、尼 663 人；民国三十五年，略阳有僧 2 人、尼 7 人。新中国成立前夕，镇巴存寺、庵 11 所，僧、尼 52 人。

20 世纪 50 年代初，本区大部分寺院改建为学校；其后，在历次政治运动中，寺院被毁或改作他用，绝大部分僧尼还俗，佛事活动极少。沔县仅剩佛堂 4 处，教徒 32 人。1951 年，洋县有佛教徒 122 人，其中住持 17 人、僧 97 人、尼 8 人。1952 年，镇巴有僧尼 24 人，到 1960 年有僧 4 人、尼 9 人。1954 年，略阳有僧 2 人、尼 6 人。1961 年，城固有僧 104 人、尼 13 人、居士 28 人。至“文化大革命”，本地区佛事活动停止。1980 年后，本区的佛教活动逐步恢复，个别被损毁的寺庙得到修复和重建，教徒较多的汉中市、城固县分别于 1992 年 6 月和 1987 年 3 月成立了佛教协会，开放了一批寺庙。

汉中的佛教徒可分为两类。一类是出家僧尼，必落发，停嫁娶，长年食素，按佛规取名，在寺、庵内，长年每日定时诵经拜佛，严守教规。另一类为居士，在家中设立佛堂，或集资建庙堂，进行佛事活动，不受教规的严格约束，饮食可荤可素，长年食素称长斋、清斋，每月初一、十五食素者为花斋。

本地主要佛事节日有：正月十五涅槃法会，二月十九观音菩萨诞辰，四月初八释迦牟尼诞辰，腊月初八佛成道节等。

史料记载，唐代金州（今安康）建有万春、双溪、天圣、新罗等佛教寺院，世称“四大丛林”。唐代中叶，安康禅宗僧人怀让开南岳一系。圆寂后，唐敬宗谥为“大慧禅师”。清光绪八年（公元1882年），净土宗第13代祖师印光大师在安康双溪寺礼海珠法师受具足戒，主持双溪寺度牒传临济正宗，说法度生。辛亥革命后，佛教受到冲击，更因战乱不止、经济困难、后继乏人等因素，不少寺院无人管理，非毁即废。1935年，古鼎、古训、古源等在西安卧龙寺受具足戒，回安康后，经觉性、心道、慈云、力空等僧诵经传戒，修行悟道。古训等和尚改革寺院，接纳各方信众。1943年，安康佛教分会响应中国佛教协会号召，在双溪寺设坛祈祷抗日战争胜利，追荐阵亡将士和死难同胞，做护国息灾法会。

1951年10月开始，对佛庙、寺院的土地、山林进行土地改革，没收部分无僧人居用的寺庙，作为公用或办学；对尚有僧人居用，且影响较大的寺庙，保留其房屋，允许进行正常的宗教活动，并分给寺庙一定土地，让其僧尼参加劳动，自食其力。1955年5月成立安康县佛教协会，时有会员449人。“文化大革命”期间，视宗教人士为“牛鬼蛇神”，僧尼遭管制、受冲击，正常的宗教活动停止，有名的寺院双溪寺、天圣寺里的文物古迹遭极大破坏。1979 年后，先后退还了金堂寺、白云寺、龙兴寺、双溪寺等四处佛教房产。1980 年率先恢复了金堂寺的宗教活动，逐步解决了信教群众正当宗教生活的需要。

安康现有的佛教主要寺庙有双溪寺、天圣寺、白云寺、龙兴寺、金堂寺。

3. 道教

汉中是中国道教发源地之一。东汉张道陵是五斗米道创始人。五斗米道后来被称为天师道，奉元始天尊、太上老君为教祖。据《三国志·张鲁传》中记载，凡信教之人，应献出五斗米方可入教，所以又称“五斗米道”（后称“正一道”）。张鲁在汉中广泛传播。张鲁用“五斗米道”治民，尊其祖父张道陵为创始人，自号“师君”。

道教产生于东汉晚期，然而孕育过程却可向上追溯到原始巫文化时代。在安康的传统思想文化中，有儒与道两条极为重要的发展脉络。以孔孟思想为核心的儒家学说一直占据着安康传统文化的主流；而以老庄思想为核心的道家学说，以及在此基础上产生的道教，则作为儒家学说的对立面，并不断补充和完善儒家的学术思想。“儒道互补”已然成为千百年来人们的共识。英国的李约瑟博士说：“中国人的特性中很多最吸引人的地

张道陵张天师

方，都有来自道家的传统。道教又不同于其他宗教，它不像儒、佛那样由某一教主在短期内创立完成，而是逐步积累，由各种因素、多种渠道汇合而成。有深厚的文化底蕴，具有强烈的民间性和广泛性，因而对中国古代社会的政治制度、学术思想、宗教信仰、文学艺术、医药科技等各方面的发展都曾起过重要作用。人们的价值观、人格理想、思维方式、审美情趣，乃至风俗民情等等，无不深受道教的影响。中国如果没有道家，就像大树没有根一样。”可见，道教在中国文化史上不是某一时、某一地的局部现象，它与其他文化领域有着长期的血肉相连的密切关系。

道教在汉中的发展也经历了一番周折。晋元康六年（公元296年），关陇爆发氐人大起义，原迁入关陇的五斗米道徒李特（流民领袖，晋略阳人）随流民入蜀，与蜀中道徒范长生联合，发动起义，后李特之子李雄建大成国。后改国号为汉，史称“成汉”。成汉据利、梁、宁三州，其中梁州辖区主要在今汉中市。时境内有一些道家活动场所，或称“宫”“堂”，或称“洞”“崖”，后世多改称为“观”。

宋代赵彦卫在《云麓漫钞》卷八中考证“道观”起源时称：（南朝梁）“元帝被疾，远求方士，汉中送道士王仲都，能忍寒，遂即昆明观处仲都。故自后道士所居曰观。”

《水经注》载：北魏前，城固在今柳林镇古城北山石穴中建杜阳仙人宫，即今洞阳宫。

道教的宗教仪式有建醮、祭炼、诵经、礼忏等，并有斋戒、禁忌等戒律。汉中的道教道士可分为两类：一是出家道士、道姑，不婚配，住于观、庵内，按规诵经，生活靠化缘或布

城固洞阳宫

施维持，少数靠自耕维持；二是俗家道士，或称“火居道士”，生活习俗与常人同，从事诵经、做道场、勘地脉风水等。道教主要节日有正月初九玉皇圣诞、二月十日老君圣诞、三月三日蟠桃会、四月十四日吕祖诞辰、四月十九日城隍庙会。

在汉中地方志中详细记载的著名宫观有天台山道观、洞阳宫、张良庙，如今都已成为风景旅游胜地。

安康是道教活动最早的地区之一。据史料记载，张道陵祖孙三代曾在四川和陕西等地传道。宋代，浙江临海人张存端在紫阳修炼，写出《悟真篇》。明、清两代曾有湖北武当云游道士来安康传道，发展了龙门、华山、茅山等教派。在安康市，信徒最多的是金真道和正一道两大派。道教是多神教，既信太上老君、玉皇大帝，又信城隍、土地及天神、人鬼等等。他们以“道”设教，各行业分别建庙奉祀，各宫观都有自己的“会期”，逢会期举行大祭活动，吸引香客布施“功德”，募捐钱物，扩大影响。清时，安康就有道教活动场所30多处，其中规模较大的有：紫阳擂鼓台的真武殿；安康的东药王殿、西药王殿、香溪洞玉皇阁；平利县女娲山三台寺；等等。抗日战争后，许多宫、观、殿、阁改作乡公所、保公所或兵营、学校、仓库等，道教活动日渐衰微，许多名山宫观无人住持，有声望的道人也不多。

新中国成立后，组织道教人士参加劳动。对年久失修、无道人居住的宫、殿予以没收；对尚有道士居住的宫、观房屋保留，进行正常的宗教活动。1958—1959年，全区在道教中开展社会主义教育和宗教民主改革工作，改革妨害生产和浪费财物的宗教活动，废除等级、打罚制度。1958年，全区有8名道士，保留了3处宗教活动场所。

20世纪60年代，在极左思潮干扰下，宗教神职人员受到冲击，正常宗教活动停止，擂鼓台真武殿的神像、经书遭毁坏，香溪洞被辟为劳动基地，文物破坏殆尽。1980年，中共安康地委批准恢复道教东药王殿的宗教活动；1981年香溪洞被辟为香溪公园，恢复其正常的宗教活动。1990年安康市道教协会成立。

如今，安康道教较有名的宫观有擂鼓台的真武殿、香溪洞的玉皇阁、南宫山的观音殿、东药王殿。

随着时代的发展，如今道教的许多活动也在不知不觉中转化为民间习俗。如丧葬请道士、和尚诵经修福，超度亡灵；春天以道观为基地举办各类庙会，进行民间祈神、游艺、商业等综合性节日活动，岁时节令，天灾疫疾，斋醮祭祀，求福免祸等。据《重续兴安府志》载，安康船夫工匠奉泗王神，木竹砌石工人祀鲁班神，药业、内外科医生祀药神孙真人，等等。

祈福避祸是民间信仰的基本动力。多数民间信仰的流传基本抛开了道德训诫的基本主旨，信众之所以信仰崇拜，主要是为了祈福避祸，期望祈求的对象能够给他们带来梦想中的利益。这是典型的功利主义信仰，也是民间信仰的最大特色，也是陕南民俗那种俗语“临时抱佛脚”“见佛就烧香”的信仰心态文化。

第六章　方言特色

俄国学者梅茨尼可夫曾说过：“河流是文化诞生和发展的主要因素。在任何一个国度里，它就像是这个地区的自然地理条件、气象、土壤、地形和地质条件的有机综合表现。”陕南地处汉水上游，汉水流域的文化是中国南北文化交融的产物。陕南以其特殊的地域环境，在汉水流域这个大环境中，在碰撞与融合中构建自己的地域文化特色，其中，方言也不约而同地承担着文化传播者的角色，《汉中府志风俗》就提到“其声音山南近蜀则如蜀，山北近秦则如秦”。

陕西是中华民族文化发祥地之一，相传汉字为“文字初祖”仓颉所创造。仓颉是陕西宝鸡人，出生于五帝时代，距今已有4000多年历史了。陕南地处川、陕、鄂、豫交界之处，方言非常有地域特色。先民迁入来源甚广，加之历史上交通闭塞往来较少、行政权力鞭长莫及，居民活动范围地域狭窄，遂造成了今天的陕南方言，所以陕南方言得天独厚、博大精深。从这些方言中既可窥视到古老的华夏文化的发展轨迹，又可领略到今人溢于言表的真情实感。陕西地理特点是东西狭、南北长，各地方言土语大不相同，甚至同一句话，因咬音轻重语速缓急不同而内容含义不同。汉中方言更接近四川、重庆方言。商洛北部的方言接近陕西官话（中原官话的一种，也称为关中话），西部、南部各县方言比较多，分别有下湖话、客家话、江淮话、西南官话等。

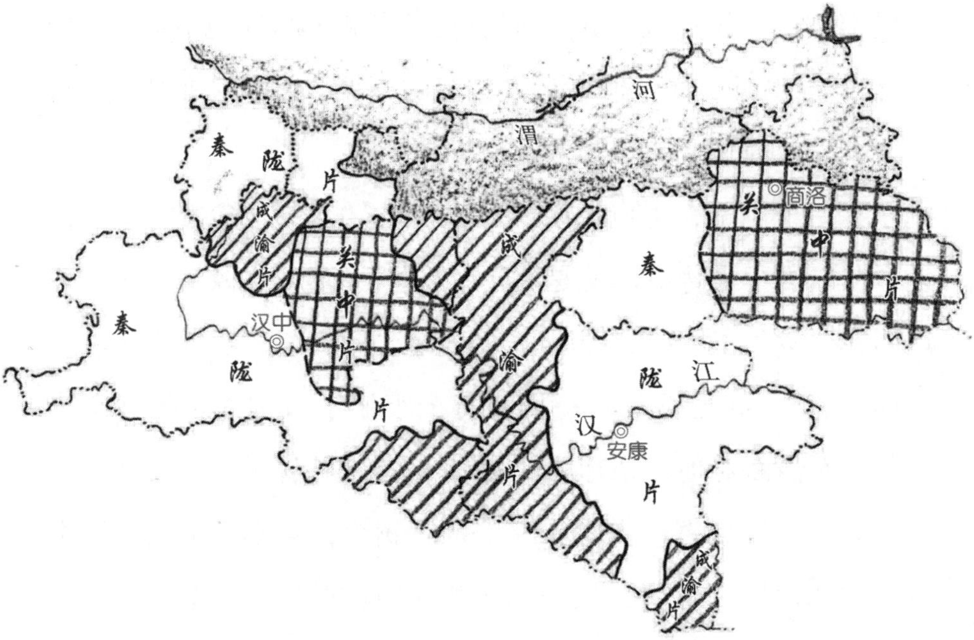

陕南地区方言分布图

第一节　道不完的陕南方言

杂，是陕南方言的首要特色。仅就安康市而言，这里的地方话有接近四川口音的，有接近湖北口音的，甚至还有接近湖南口音的。有时一个村与周围邻村口音截然不同。比如有一个村，全村讲的几乎是纯正的河南话，以至于同一乡其他村的村民都叫他们村为“河南村”。还有一个村则更令人称奇，周边的村民都称这个村的人“讲怪话”，或者直截了当地说他们讲“外国话”，谁也听不懂他们本村人相互的交谈，不过这个村的人与外边人交流时还是讲当地的陕南话。

有一个例子，可以说明当地方言之“杂”。“父亲”这个称谓，在口语里最普遍的就是称为“爸爸”。然而在陕南，父亲可以叫作“大”“爹（音 dia）”“爷（音 ya）”甚至“叔”，就是不叫“爸”。我还遇见过一回，有个小伙子对别人称他父亲为“舅”，而当面对他父亲却叫“大”。这是很特殊的一个例子。当时我只是觉得新奇，没有深究。事后我想，会不会他父亲原本就是他的表舅什么的，只是他在某些场合没有改口罢了。若是如此，只能作为一个特例了。

在靠近大巴山的高山地区，地方话的四川色彩就很浓了。

比如当地称公鸡、母鸡为“鸡公”“鸡母”；管睡觉叫“睡瞌睡”；话语中所有的“了”字都说成“的（音 da）”，比如说“吃完了”，当地就说成“吃（七）完的（大）”。这些都与四川话极其相近。

而在低山河谷地区，地方话的湖北口音又很重。譬如“如何”的“如”字，其发音就在“yu”和“ri”之间；“何”也发音为“huo”。把“如何”说成“yu—huo—”，就如同京戏里的念白一样具有韵味。

诙谐，是陕南方言的又一特色。陕南话里随时随地可以夹带进诙谐幽默的因素，而且这种诙谐幽默多半用于打趣或讥讽别人，也有顺带占别人便宜的。

比如几个人一道走山路。途中有人一边走一边吹起了口哨。这时，可能出来一个人，故作惊讶地发问：今天没有哪家搬家呀！其他人于是一怔，随后就是一阵哄笑。初到陕南的人这时一定会莫名其妙，而且总要问个究竟。原来，把吹口哨比作“风吹尿壶响”已经成为当地损人的经典“成语”了。至于利用几句当地的“成语”做了别人的老子，或者直称别人为“舅老倌儿”变相地把人家的姊妹说成自己的老婆，这样的“幽默”随处可见。初到陕南，在饭场上聊天，弄不好就会吃亏。往往是在众人的哄堂大笑里，你却是一头雾水！

陕南的方言非常有地域特色。陕南地处川、陕、鄂、豫交界之处，方言较复杂，地接秦尾楚头，人杂南北数省，北部少量县区属西北方言区，南部多楚语、蜀语，属西南方言区。两种方言相互渗透，形成其独特的色彩。陕南人讲话婉转悠扬，吐字较快，咬音较轻，圆润如歌，听起来缠绵、甜柔，但比较难懂。就方言区划说，商州、丹凤、洛南不属陕南方言而属于关中方言。陕南方言共 25 个方言点：略阳、宁强、勉县、留坝、汉台、城固、洋县、佛坪、南郑、西乡、镇巴、紫阳、汉阴、石泉、宁陕、汉滨、岚皋、镇坪、平利、白河、旬阳、镇安、柞水、山阳、商南。

根据 2009 年版《中国语言地图集》，汉中大多数县区被归于西南官话川黔片陕南小片，安康、商洛部分地区属中原官话关中片，汉滨、柞水、镇安、丹凤、白河、旬阳、平利、商南等八县市有 180 万人口划归江淮官话竹柞片，这八县市另有数十万人口说赣语、湘语。举一些例子以飨读者。

陕南人叫雨帽为“斗篷”，雨伞叫“撑花”，棉袄叫“裹肚”，被褥叫“铺盖”，扫帚叫“笤帚”，棺材叫“老木”，背心叫“夹夹”，汗衫叫“褂子”，腰带叫“卧龙”，绑腿叫“裹缠”，斧头叫“毛铁”，箩筐叫“提兜”，竹篮叫“筐筐”，水瓢叫“舀舀”，勺子叫“挖挖”，茶杯叫“缸缸”，调羹叫“瓢儿”，吊钩叫“钩搭”，筷子叫“花十子”，眼镜叫“二饼子”，自行车叫“马马子”，椅子叫“靠靠子”，板凳叫“长耳子”，铲瓶叫“戳马勺”，热水瓶叫“电壶”，蛇叫“长虫”，熊叫“黑娃子”，狼叫“长尾巴”，虎叫“大山猫”，兔子叫“长耳朵”，猎狗叫“撵山子”，鼠叫“耗子”，山鸡叫“野鸡”，锦鸡叫“花鸡”，麻雀叫“麻拐子”，乌鸦、喜鹊都叫“鸦鹊”，公鸡、母鸡都叫“鸡母”，小鸡叫“鸡崽”，小猪叫“猪崽”，小牛叫“牛崽”。

饮食类：馄饨叫“抄手”，馒头叫“蒸馍”，米粥叫“米汤”，米饭叫“干饭”，煎饼叫“摊馍”，锅盔叫“烧馍”，羹汤叫“喝好的”，调料叫“调和”，吃饭叫“咔饭”，夹菜叫“挑菜”，吃肉叫“打牙祭”，酒叫“晕晕子”，茶叫“黄汤子”，嫁女叫“起发女”，喝茶叫“吃茶”，吸烟叫“烧烟”。

生活习俗类：厨房叫“灶屋”，厕所叫“茅房”，卧室叫“睡房”，客厅叫“堂屋”，草房叫“庵子”，瓦房叫“瓦屋”，抹布叫“搌布”，灶头叫“锅头”，腰围叫“绷绷”，开始叫“架势”，吵嘴叫“干架”，打架叫“干仗”，骂人叫“撅人”，说是非叫“嚼舌头”，赔情叫“赔不是”，请客叫“接客”，上街叫“赶场”，洗澡叫“冲凉”，挑剔叫“弹嫌”，跑步叫“趟子”，可以叫“要得”，舒服叫“安逸”，高兴叫“欢喜”，不重叫“轻松”，知道叫“晓得”，利落叫“撇脱”，美观叫“花哨”，说谎叫“扯白”，麻烦叫“麻缠”，整齐叫“熨帖”，完善叫“规律”，节约叫“细发”，浪费叫“糟蹋”，破坏叫“做鬼”，说合叫“圆成”，糊涂叫“颠懂”，没有叫“没得”，难受叫“恼火”，亲切叫“热火”，害怕叫“怯火”，兴旺叫“红火”，柔弱叫“软火”，灵活叫“活套”，倒霉叫“背时”，伤心叫“怄气”，聪明叫“精灵”，漂亮叫“体面”，新鲜叫“稀奇”，俊秀叫“排场”，打岔叫“搅火”，谝闲叫“打广子”，说媒叫“牵线子”，坐牢叫“蹲圈子”，搭伙叫“搭班子”，找麻烦叫“扯皮”，出问题叫“戳拐”，不舒展叫“窝囊”，不干脆叫“邋遢”，不干净叫“癞呆”，门道叫“眼隙”，道谢叫“难为”，客气叫“拘礼”，吹牛叫“讪筋”，不说话叫“不吭声”，负债叫“该账”，眼睛叫“眼子”，左手叫“小手”，右手叫“大手”，快叫“麻利”，慢叫“肉囊、暮囊”。

称谓方面：男孩叫“细娃子”，女孩叫“细妹子”，老汉叫“老爷子”，老妇叫“老婶子”，领导叫“舵把子”，连襟叫“挑担子”，轻浮人叫“烧料子”，瘸腿叫“摆摆子”，急性人叫“火炮子”，冒失人叫“炮筒子”，小偷叫“痞娃子”，盗匪叫“棒老二”，不老实叫“拐三子”，耿直人叫“直肠子”，慢性人叫“蔫皮子”，倒贩叫“铲铲客”，过门女婿叫“上门汉”，有的地方叫外爷为“家公”、外婆为“家婆”，岳父叫“干大”，岳母叫“干娘”，舅父叫“舅爷”，舅母为“舅娘”，叫男人为“外头人”，叫女人为“屋里人”，叫小孩为“伢崽”。

陕南人忌讳说“癫呆”“蔫皮子”“烧料子”“铲锅巴”等。

第二节　源自陕南镇巴民歌的《十送红军》

一送（里格）红军，（介支个）下了山，
秋风（里格）细雨，（介支个）缠绵绵。
山上（里格）野鹿，声声哀号叫，
树树（里格）梧桐，叶呀叶落光，
问一声亲人，红军啊，
几时（里格）人马，（介支个）再回山。

三送（里格）红军，（介支个）到拿山，
山上（里格）苞谷，（介支个）金灿灿。
苞谷种子（介支个）红军种，
苞谷棒棒，咱们穷人扳，
紧紧拉住红军手，红军啊，
撒下的种子，（介支个）红了天。
紧紧拉住红军手，红军啊，
撒下的种子，（介支个）红了天。

五送（里格）红军，（介支个）过了坡，
鸿雁（里格）阵阵，（介支个）空中过。
鸿雁（里格）能够，捎来书信，
鸿雁（里格）飞到，天涯与海角，
千言万语嘱咐，红军啊，
捎书（里格）多把，（介支个）革命说。

七送（里格）红军，（介支个）五斗江，
江上（里格）船儿，（介支个）穿梭忙。
千军万马（介支个）江畔站，
四方百姓泪汪汪，深情似海不能忘，
红军啊，革命成功，（介支个）早归乡。
深情似海不能忘，红军啊，
革命成功，（介支个）早归乡。

九送红军，上大道。
锣儿无声鼓不敲，鼓不敲。
双双（里格）拉着长茧的手，
心像（里格）黄连，脸在笑。

血肉之情怎能忘，红军啊，
盼望（里格）早日，（介支个）传捷报。

十送（里格）红军，（介支个）望月亭，
望月（里格）亭上，（介支个）搭高台。
台高（里格）十丈，白玉柱，
雕龙（里格）画凤，放呀放光彩，
朝也盼来晚也想，红军啊，
这台（里格）名叫（介支个）望红台。

十送红军

1956 年 10 月，镇巴县文史工作者符文学深入当年苏区普查革命烈士，收集革命斗争史实。符文学在永乐乡打听到有个叫朱有炽的人曾知道许多革命烈士和革命故事，于是就到了朱有炽家。谈到当年红军歌谣时，朱有炽随口哼出了《十送红军》。符文学当即记录下来。回县以后，他把《十送红军》抄寄给了《民间文学》杂志社。后来，《十送红军》发表于《民间文学》1958 年 11 月刊上。随后，这首歌谣先后被收入《红色歌谣集》《中国歌谣选》等全国性出版物，署名皆为朱有炽、符文学。1965 年 3 月，《革命历史歌曲表演唱》一书将《十送红军》作为江西民歌排列在第四场。从此，这首歌曲被人们误认为是江西民歌。

在镇巴县国税局，仍保存有发表这首歌曲的杂志的复印件。县委宣传部的同志介绍说，据有关民歌专业人士考证，歌词中涉及的地名如“南山”“通江河”“兔儿岩”“望月亭”等均属镇巴、通江地名，全词意境也恰恰符合当年红四方面军撤离川陕时的时段和背景，曲调同镇巴民歌一脉相承。这首歌谣最早在镇巴境内传唱，镇巴也最先将其搬上舞台，随后载入《县志》，并勒石以记。

汉中秦巴山区农民喜唱山歌，又称民歌，多属川楚风格。其内容广泛、丰富，形式多样、活泼。或一人独唱，或两人对

大巴山

唱。有通山歌（又称茅山歌、放牛歌、姐儿歌）、山歌、小调、劳动号子、仪式歌（迎亲歌、哭嫁歌、拜寿歌、祝酒歌、拳歌、礼宾歌、孝歌、说春歌、劝善歌、拜香歌、佛句等）、盘歌、儿歌等。一般情趣诙谐，幽默含蓄，曲调委婉舒展，有高腔、平腔之分，感情柔和细腻，多有川楚之风，不似关中、陕北民歌粗犷豪放。

第三节　陕南各地方言中的特色语

陕南各地方言中的特色语言十分有意思，现特摘录一二，以飨读者。

食物

鼓气儿馍：为石泉特有的一种烧饼。

馍馍：馒头及烧饼等的总称。

欢喜坨儿：油糕。

果子：粗绳状麻花。

浆粑：鲜玉米磨成的半流动状物。

糊（fu）肚子：玉米粉稀粥。

扁食、抄手儿：饺子品种之一，形似鸡脑壳。

拌汤：汤煮坨状面食。

锅盔：大烧饼。

甜浆子：豆浆稀饭。

连渣闹：豆浆带渣和大米同煮的饭。

现饭：剩饭。

霉豆腐、红豆腐：豆腐乳。

盐菜、茶菜子：切细晒干的菜叶（前者加盐，后者不加盐）。

浸引菜：泡菜（生菜置坛内浸泡加欠）。

浆水菜：泡菜（将菜用沸水一滚，置盆内浸泡，不加盐。又称潦酸菜）。

菌子：蘑菇。

苕：红薯。

衣被

卧单：床单。

撒片儿鞋：拖鞋。

袄子：棉衣。

小衣：女人穿的裤衩。

水裤子：男人穿的裤衩。

斗篷：斗笠。

背心：马甲儿。

荷包：衣服上的口袋。

外套：大衣。

铺盖：被子。

手巾：毛巾。

用具

折缸子：茶杯。

笊篱子：竹制、有把儿，捞饭沥水用具。

筲箕：竹制、无把儿，捞饭沥水用具。

黄梢：圆形大木桶。

响子、开山子：斧头。

口（ge）子：锯子。

料：棺材。

洋碱：肥皂。

胰子：香皂。

把戏：儿童玩具的统称。

溜子：漏斗。

电壶：热水瓶。

品碗：盛汤菜的大碗。

调羹：汤匙。

抬盒（hǒ）：抬小型嫁妆的用具。

吊罐：山区人家将其吊在火炉上用以代锅的铁制鼎罐。

称谓

大大（dada）：爸爸（多数人仍称爸爸或爹）。

爷（yǒ）：爸。

娘老子：父母亲。

家（ga）公：外祖父。

家（go）婆：外祖母。

外（wei）婆：姥姥。

姑爷：姑夫。

挑担：两姐妹的丈夫，别人称其两挑担。

舅老倌：妻兄妻弟的统称（“倌”字需儿化）。

哥老倌：内兄（“倌”字不需儿化）。

亲家、亲家母：儿女婚后，双方父母的互称。

婆婆客：已婚妇女的统称。

老庚：同岁人（即双方认定是同岁人，以后互称）。

学娃子：小学生。

细娃子、细娃儿：小孩。

绞包子、绞包儿：调皮任性的孩子。

红爷：男性媒人。

新郎倌：新郎（“倌”字儿化）。

新娘子、新大姐：新娘。

上亲：女方送嫁人。

四眼人、双身子人：孕妇。

棒老二：土匪。

地仙：旧时的风水先生。

骷髅子：赌徒。

瞎家伙：坏蛋。

歪人：凶横的人。

尖人：聪明人。

绺娃子：掏包的小偷。

甲甲虫、啬皮：吝啬人。

懵懂虫：既无知又冒失的孩子。

醒头儿：爱开玩笑的人。

叫锅化子：乞丐。

浊浊包子：假充阔气的人。

粮食虫：好吃懒做的人。

烧包儿：不稳重的人。

冷哥儿：沉默寡言、性格内向的人。

红脚杆：门外汉。

月母子：产妇。

把式：有技艺的工匠。

船太公：舵手。

拉把手：纤夫。

动物

牯牛、骚牛：公牛。

犏牛：阉公牛。

伢猪子：公猪。

脚猪子：种公猪。

海膛：已产数胎的老母猪。

草狗子：母狗。

鸡公：公鸡。

仔鸡子：童子鸡。

白咪子：果子狸。

毛老鼠：松鼠。

檐老鼠：蝙蝠（因其栖于屋檐瓦缝中）。

长虫：蛇。

四脚蛇：蜥蜴。

丫鹊子：喜鹊。

老鸦（wa）：白颈鸦。

鱼老鸦（wa）：鸬鹚。

秧鸡子：鹌鹑。

季鱼：鳜鱼。

脚鱼、团鱼：鳖。

娃娃鱼：大鲵。

蛤蟆（kema）：青蛙。

蛤蟆咕噜儿：蝌蚪。

癞蛤（ke）包：蟾蜍。

跟斗虫：孑孓。

洋咪咪、麻郎：蜻蜓。

叽（ji）呐子：蝉。

涎虫子：蛞蝓。

土狗子：蝼蛄。

灶鸡子：蟋蟀。

黄婆娘：蟑螂。

屎把牛儿：蜣螂。

老母虫：蛴螬。

谷牛子：米象。

金把牛儿：金龟子。

曲蟮子：蚯蚓。

亮火虫：萤火虫。

石泉方言复杂，主要是迁入的移民其祖籍多系外省，口音不一。明代，全县 4 万余人口。明末清初时，屡经战乱，仅存 2000 余人。清代乾隆年间，四川、湖北、湖南、安徽、江西、河南、广东、广西、山西等省流民大量涌入，道光年间，猛增至 7 万余人。

这些陕南移民的后代，若是祖籍四川者，爱说：安逸（舒服）、咋块（怎么样）、谁块（谁）、啷块（怎么）、摆龙门阵（讲故事）、撂黄腔（说外行话）、黄了（告吹）、抬爱（关照）、角（gó）孽（相互打骂）、帮尖儿（差不多）、姿本（稳重）、贩桃子（逃跑。谐“逃”音）、下作（下贱）、囊筐（大）、红脚杆（外行）、少宝（很多）、扯黄梁子（做梦）等。川语多儿化，如：

刀儿、娃儿、猪儿、西呼儿（几乎）等。

若是祖籍湖南、湖北者，男孩叫“伢子”（gǎjí），女孩叫“妹子”（mǎijí），婆母称“家娘”（gāniǎng）。“这”字读“果”。如：“这里”读“果里”或“果果当”。“个”字读“zhǎ”。如：“这个孩子”读“果个（zhǎ）娃子”。“散步”叫“打逛逛”（guáng）。“吃饭”读“qiǎfǎn”。“咬”读“gá”。“嚼”读“qió”。“去”读“qie”。“下”读“hǎ”。“也许”或“恐怕是”叫“莫腔手”。“几乎”叫“西乎西”。“不机灵”叫“磨郎”。“不务正道”叫“不压（niā）塞（sāi）”。“讲”读“gáng”。“说”读“xuě”。“孩”读“xiǎi”。“鞋”读“hǎi”。“很咸”叫“纠咸 hǎn”。“很重”叫“diáng 重”等。

若是祖籍下江一带（安徽、江西等省），自称“江南人”。石泉称其语言为“江南话”。“吃饭”读“qǐ fān”。“他”字用“客（kě）”字。“他们”用“客们”。“烟袋”叫“烟筒”。“厕所”叫“茅厕（máosǐ）”。“去年”叫“昨年”。一般社会称谓，多使用赣语的“表”字。非亲非故，见面即称“老表”（年龄相近男性者），还有“表嫂”“表叔”“表婶”等。

第四节　洋县民歌民谣

洋县的民歌尤为好听，歌词多为七言四句，也有两句、六句、八句的。分为独唱、二重唱、盘山歌等类型。唱法有四种：

（1）固定曲调。多为高腔演唱，曲调不变，歌词可改。如《这山望见那山高》《担水号子》《三月麦子四月黄》等。

（2）调随词变。歌手在情绪激奋时，随时改调。如《太阳出来万丈高》《兰草花儿不会开》《茅草房子长三间》《打鱼郎》等。此类山歌的歌词活泼生动，反映的生活面较宽。

洋县民歌

（3）固定词曲。乐句规整，主题鲜明。如《太阳落坡又落崖》《太阳落坡照山阴》，不但曲调固定，而且词句固定为七言四句。

（4）短山歌。仅有两句歌词，中间加号子，或在两句词首尾加号子，组成一首完整的短歌。如《月亮出来照纱楼》《高山跑马》等。山歌地域鲜明，语言通俗，形象生动，优美动听。其曲调高亢激越，雄壮豪放，歌词触景生情，表现力强。

除了民歌、民谣，陕南人民因为爱喝酒，自然也少不了酒令以及划拳，划拳到了高兴时，边划边唱，这种唱拳形式就叫拳歌。

语言是人类文化的载体，方言更是作为一种独特的民族文化传承千年，展现着当地的文化特色。多少离家的游子，梦里牵挂的不过是家乡那普通的饭食和亲切的话语，所谓的“乡音未改”说的也就是如此。

参考文献

1. 薛平拴. 陕西历史人口地理[M]. 北京：人民出版社，2001.

2. 曹树基. 中国移民史 [M]. 福州：福建人民出版社，1997.

3. 陕西省地情网 http: //sxsdq.cn

4. 刘於义. 陕西通志 [M]. 1729.

5. 汉中市地方志编纂委员会. 汉中地区志：全四册 [M]. 西安：三秦出版社，2005.

6. 安康市地方志编纂委员会. 安康地区志：上下册 [M]. 西安：陕西人民出版社，2004.

7. 陕西师范大学地理系《商洛地区地理志》编写组. 陕西省商洛地区地理志 [M]. 西安：陕西人民出版社，1981.

8. 陕西师范大学地理系《安康地区地理志》编写组. 陕西省安康地区地理志 [M]. 西安：陕西人民出版社，1986.

9. 陕西师范大学地理系《汉中地区地理志》编写组. 陕西省汉中地区地理志 [M]. 西安：陕西人民出版社，1993.

10. 陈椽. 茶业通史 [M]. 北京：农业出版社，1984.

11. 聂树人. 陕西自然地理[M]. 西安：陕西人民出版社，1981.

12. 李涛. 续资治通鉴长编 [M]. 北京：中华书局，2004.

13.吴宾.陕南农业开发史研究[D].西北农林科技大学,2003.

14. 巫其祥. 陕南菜肴的历史、特点及优势 [J]. 咸阳师范学院学报，2012.

15.马可·波罗行纪[M].冯承钧,译.上海:上海书店,2000.

16. 李琰君，马科，杨豪中. 刍议陕南传统民居建筑形态及对应保护措施 [J]. 西安建筑科技大学学报：社会科学版，2012.

17. 李楠. 清代陕南地区移民对当地生态之影响 [J]. 陕西广播电视大学学报，2015.

18. 陈宗懋. 中国茶经 [M]. 上海：上海文化出版社，1988.

后 记

时光追溯至2014年3月，接到尊师侯老师的电话——关于陕南人文地理的组稿，心情既激动又忐忑。

关于陕南，记忆之门又一次打开。十年前，因为硕士研究生阶段课题中社会调查的需要，我曾几次踏上陕南这片土地，感受历史在这里的沉淀，体会当地民风的淳朴，当然也没忘了大快朵颐。依然记得临别时村民依依惜别的眼神，孩子们脏兮兮挥动的小手。时隔十年之后，因为一部书稿，我有机会再一次走近他们，心中满是感动与敬畏。

荷裔美国人、著名学者、历史地理学家亨德里克·威廉·房龙在他非常著名的《房龙地理》中说，他要“把所有的高山、城市、大海统统放进地图里，只告诉我们生活在那里的居民的情况，告诉我们他们为什么会居住在那里，他们来自哪里，他们在干什么——把人类关心的故事写进地理学”。房龙说，“我宁愿把它称之为一本研究人的书，研究人如何为自己和家人寻找食物、住所和娱乐，如何尝试找到既能适合自己的背景，又可改变自己的自然环境的方法，以便获得与其自身有限的力量相称的舒适、强健和幸福”。《房龙地理》是人文地理著作的一座丰碑。

如何通过文字反映陕南这片热土上人与自然环境间的关系，如何把人放在舞台的正中？这是我在拿到本书的写作任务之初定下的目标，也就是怎样写出人文地理的韵味儿。但是，真正动起笔来，愈发感到自己的才疏学浅，加上教学工作的忙碌，孩子年幼需要照顾，最后的成稿自己也不甚满意，欢迎各位读者批评指导。

感谢尊师侯甬坚教授，侯老师渊博的知识、谦和的性格让我浮躁的心能够沉静下来。虽然因为种种原因，后来没能如愿跟随侯老师进行博士后的研究工作，但这样一份珍贵的师生情谊，让我时时提醒自己不能懈怠。（感谢我的博士生导师姚远教授！感谢同事张小永博士，也是这一套系列丛书的另一位作者，他宽厚的性格、扎实的专业功底对我启发很多。）

感谢所有帮助过我的老师和朋友，前行路上，感谢有你们！写作中所有参考过的资料均在文末以参考文献形式列出，在此一并感谢！

谨以此文作为这本书即将付梓的纪念。春华秋实，这是一个收获的季节。

李　楠

2016年9月于西安南郊